聖教明徵

萬物始元

肖清和 郭建斌 校點

周振鶴 主編

明清之際西方傳教士漢籍叢刊

【第三輯】

②

鳳凰出版社

第二冊目録

聖教明徵

萬物始元

聖教明徵

萬濟國著
肖清和
郭建斌校點

本書係全國優博作者專項資金資助項目『儒家基督徒研究：歷史、思想與文獻』（201201）、上海市曙光人才計畫《畏天愛人：明末清初敬天思想與實踐研究》（17SG40）階段性成果

提要

《聖教明徵》八卷，多明我會傳教士萬濟國（Francisco Varo，一六二七—一六八七）撰。萬濟國，字道津，約於一六四九年來華。萬濟國主要在福建地區傳教，反對耶穌會傳教士有關中國禮儀的觀點和立場，并撰寫《辯祭》一文參與了禮儀之爭。一六七一年被驅逐至廣州。一六七五年重返福安。除了影響較大的《辯祭》之外，萬濟國還撰有《聖教總牘撮要》《華語官話詞典》等。

《聖教明徵》現有多個版本。法國巴黎國家圖書館藏《聖教明徵》，Courant 氏編號 chinois 7010，抄本，但僅存《聖教明徵小引》及《凡例》。同館編號 7011、7012、7013，亦題名爲《聖教明徵》，但僅存幾頁，内容不全。梵蒂岡圖書館藏抄本，編號 Raccolta Generale-Oriente-III 182。徐家匯藏書樓藏抄本，編號 SH 431. 3 /ZKW

210。〔一〕耶穌會羅馬檔案館亦有藏本，編號 Japonica-Sinica I 116，但題爲《主教明徵》。業已影印出版的爲梵蒂岡圖書館藏本。〔二〕

《聖教明徵》内容大體上可以分成三部分，即如作者在《小引》中所謂：『從天主造物之始，以及乎靈性之奥，祭祀之重，十誡之序』，具體包括天主創造天地萬物、天主性體、天堂地獄、天神魔鬼（卷一、二），靈魂、辟輪廻（卷三）、十誡及七宗罪（卷四至卷八）。在論述天主教教義與思想之時，萬濟國還對儒家、佛道教展開了批評，如對儒家的祭祀、佛教輪廻、道教鬼神，以及民間信仰中的燒紙、占卜、堪輿、擇日、算命、求籤等均有所指摘。

衆所周知，多明我會、方濟各會等托鉢修會傳教士在中國禮儀的立場上，與耶穌會傳教士處於對立的位置。多明我會傳教士反對耶穌會傳教士尤其是利瑪竇的認同儒家祭祖、敬孔等禮儀。此在本書中亦有體現。萬濟國認爲『祭祀』只能向天

〔一〕 Adrian Dudink, The Chinese Christian Texts in the Zikawei Collection in Shanghai: a Preliminary and Partial List, in *Sino-Western Cultural Relations Journal* XXXIII(2011): 1–41.

〔二〕 收入張西平等主編：《梵蒂岡圖書館藏明清中西文化交流史文獻叢刊》第六册，鄭州：大象出版社，二〇一四年。

主，不可向天主之外的任何對象，『若誤認本原，失禍福真向，以祭祀大禮而行於受造人物等。此何異報答於非授恩，求職於非君王，覓藥於非醫哉？』萬濟國在書中做了較爲詳細的辯論。

雖然多明我會與耶穌會士有關中國禮儀方面立場對立，但在書籍傳教方面頗爲一致。萬濟國等多明我會傳教士不僅撰寫、刊刻漢語天主教書籍，而且對於耶穌會士的漢語著作也予以大量參考，在有關名詞術語方面，亦採用自耶穌會傳教士。萬濟國在『小引』中明確表示：『聖教諸書，五味之相和，諸品之錯列也。高以引賢智，使咀嚼而玩泳焉。如《實義》《畸人》諸篇者是。卑以迪顓蒙，使適口而知旨焉。如《蒙引》《問答》諸篇是。』這裏面所提到的著作均是耶穌會士撰述的。但由於傳教對象的『整體下移』，萬濟國迫切感到耶穌會士的這些著作可能不太合適，要麼過於高雅，讀者不容易明白；要麼過於簡要，不能解疑釋惑。因此，萬濟國撰寫此書，并自信此書處於二者之間。通過閱讀此書，我們可以發現多明我會傳教士對中文的掌握並不低於耶穌會士。另外，通過此書亦可看出多明我會傳教士對儒釋道經典、民間習俗均有深入了解。多明我會等托鉢僧傳教士並非一如前人所謂的反對文化適應或左派傳教士。

本書對天主教有關『罪』(sin)的論述非常詳細，列舉了各種違反十誡的『罪』及其可能帶有的危害； 除此之外，作者還對七宗罪亦有論述。 此書是繼龐迪我《七克》之後，對天主教的『罪論』(Hamartiology)進行詳細介紹的著作，是了解明末清初天主教『罪論』的重要文獻。

本次校點以梵蒂岡圖書館藏本爲底本，對重要術語進行簡要注釋。 在録入過程中，學生吳立新、黄娜娜、李竹罄、許懿等提供了諸多協助。 責任編輯韓鳳冉先生亦貢獻良多。 在此一併申謝。 然古籍點校難免出錯，懇請方家不吝賜教。

聖教明徵小引

聖教來華久矣，乃明理者少，而不明理者多。揆厥所由，蓋不知吾聖教中之理之至味也。夫嘉餚在前，七箸而嘗焉，乃識厥餄。倘弗拾而御諸口，即進易牙而調之五味，和諸品列，曾莫之辨，曾復識誰餄乎哉？雖然，或嘗或否者，人而吾味不可以不設。故聖而公教會，聖筵也。聖教諸書，五味之相和，諸品之錯列也。高以引賢智，使咀嚼而玩泳焉。如《實義》《畸人》諸篇者是。卑以迪顓蒙，使適口而知旨焉。如《蒙引》《問答》諸篇是。會友諸君子前既詳言之矣。余來華也晚，聞見所及，間有謂卑者，一嚼而輒盡；高又枘鑿而難入，誠如是也。則有厭其味而不欲嘗。又有苦其味而不能嘗者矣。余用是取西書而敬譯之，酌以至當，不流於卑，不過於高，而彙著《聖教明徵》一書。恍若適中之味，人人克嘗，庶不嘆高者之難求，卑者之易得也。雖予所言，從天主造物之始，以及乎靈性之奧，祭祀之重，十誡之序，篇帙頗繁。然其大旨，約歸於認主愛主、認己愛人之實已耳。故詞必求其曉暢，言言昭晰而明著理，不涉於艱深，事事切實而足徵。俾賢智者可俯而就，顓蒙者可跂而及，是則余作《明徵》之意也。夫抑又有説焉。行百里者必先正厥轅固矣。倘遺厥光焉，又安可行也。乃旭日升矣，無迷途矣，欣欣適道矣。復有從而指之者，曰：子其向周行而遵大路乎？何如底而如夷也。不益昭然信信而慰慰，而循循道岸之登也哉！是書也，以爲行德之光焉；可爲行德之侶焉；可即爲行德之飴，而克饗天國之宴焉。無不可？

康熙丁巳歲季春泰西傳教會後學萬濟國道津氏題於玫瑰堂之靜寄。

凡例　計十則

一、認主修己爲此書大綱，故先溯造物之原，次及所造之物，而後半則彙十誡次序，分章辯罪，使人知檢身之有方云。

一、理有是非，不斥其非，則是不見。故篇中因事致辯，如原主宰，則有世尊、元始等之辯。表欽崇，則有幻夢、堪輿等之辯。殺生則辯在五誡。娶妾則辯在六誡。輪廻則分章辯於靈魂之後。總欲折彼說，而伸此說。因辯有繁簡，或短節，或長篇，或逐條，或附說。觀者勿駭，其詳略互異云。

一、格物家有由原推效，亦有由效推原。篇中有云所以然，原也。云固然，效也。凡物皆有是二者。天主爲最初所以然，所造之物爲固然。且物爲次所以然，而物之情、之行爲固然。用此二者以推物理。故凡物之爲物見，而所以造是物者愈見。

一、論事有用實証者，有用解説者，有用釋疑者。篇中實証，則以『何徵』作節首；解説則以『何謂』作節首；釋疑則以『或謂』作節首。讀者詳之。

一、是書卷八章二十。各章節次分多，亦有繁簡不同，短長錯出，如首誡繁而長，卒章重罪之害亦如之。非不欲省辭相稱也。但以信德爲行善之基，重罪爲阻善之甚。不禁反覆詳言，亦欲其義之無剩云爾。

一、十誡之末，各附聖蹟一條，非爲是幻談炫異也。乃徵之聖言，採之西史，實爲有據。不能多録，姑舉一示戒，亦欲爲善者有所勸而興，爲惡者有所懲而止夫。

一、事有約言而已該分列而愈明者，篇中有總説處，後以一二三四分端列之。覺言無遺，藴理有條緒也。

一、奉教人犯罪易，辨罪亦難。有明是罪而誤以爲非者，有或非罪而懼以爲是者，或小罪而混於大罪，大罪而混於小罪者。不明分之，何以正厥趨。故篇中縷折不苟，使人便於悔改云。

一、會友著書多種，如《萬物真原》《滌罪正規》《靈性惼述》等，已傳海内。余是書則總爲彙著。理同而説，或較詳其所已見者，勿駭爲雷同；所未見者，勿鄙爲杜撰云。

一、西海遠旅，書不同文，強效中邦語言文字。理則聖教之理，文則中邦之文。焚膏搦管，三載始成。是書字句有不順處，祇倩一二教友略爲刪減。讀者當識其理之真，勿怪其詞之拙可。

聖教明徵第一卷目録

第二卷目録

聖教明徵卷之一

泰西傳教聖多明我會士萬濟國著

天地人物必有造之者第一章

欲明天地人物必有造之者,約舉三端以徵之。一視物始,一視物序,一視物備。物始何徵?凡有始之物,先無後有,而非自有。其先必有造之者,以施其有,而物因之有始。故天地人物未受造之先,其始無有。既受造之後,其始方有。是必有一自有者,在於其先,而爲其造之者也。如謂無有造之者,則必其自能造己者矣。倘自能造己,何以此物實先無而後有,而先後有無,不無相反之情,安能一時并立?且凡能造者,必先有其有,而後能造他物。天地人物,其先既是無有,何云能自造己？可見造者與受造者，原分爲二。諸受造者之始，不能不受始於造者，如宮室受始於工師，則工師爲宮室之造者。豈宮室之所自始，即謂其能自造歟？

物序何徵？世間萬殊之物，必有萬殊之性。倘依各物本性而行，將有各自爲性之勢，斷不能順序，而相濟爲用。故必有一至靈至智者爲之列其位次，定其性本，始能順序而不至相悖。試以四元行言之，火行甚熱次燥，氣行甚濕次熱，水行甚冷次濕，土行甚燥次冷。乃氣之次熱，即接於火之甚熱；水之次濕，即接於氣之甚濕；土之次冷，即接於水之甚冷；土接乎水，水接乎氣，氣接乎火，火上爲天，火不尅天，氣不滅火，水不溢氣，土不侵水。其順序爲何如矣？再觀諸天，運動各遵度數，四時代續，各安歲序。太陽昇東入西，未嘗一日差也。太陰爲朔爲望，未嘗一日異也。潮水依月進退，月上水漲，月正水平，月落水退。日月如是。天下萬國，地雖有遠近，而天上次序，或順或逆，或速或遲，常常如是。其諸禽獸有各類之情，草木有各存之種，遞生不絕，應時不錯，莫不有順序之宜。謂非有以定其性者而能然歟？譬如一國之中，朝野恬然，民各盡其業，官各奉其職，相順相和，無或背錯，即知有一大君理之明矣。何況萬物如此而順序，而謂無有以造之者耶？

物備何徵？凡物不能自備，必有一備之者。如一宮室軒翔華麗，中多勝景，苑沼錯列，魚鳥咸育，金玉珍寶，貯積豐饒。人見如此備美，雖至愚者，必知其内有一主翁掌之。況觀天地之高厚，日月星辰之旋運，與夫鳥獸蕃育，草木榮茂，鱗介繁殖，花菓鮮妍，瓊瑤寶藏，桑麻樹植，凡萬物無一不備。豈猶不足徵其所以備之之原哉？

或謂天地萬物之次序齊備咸由於自然，如水自然就下，火自然炎上，恐未必有造之者。此只見其末，不見其本；知其固然，而不知其所以然，故有此疑。蓋物之次序齊備，固自然循其本性而行，但其自然而行必先有定其然者，常司佑其行，然後各順其性，而爲自然之行也。如騰上者，其性爲輕，墜下者，其性爲重，必先有定其性之孰輕孰重者，物乃依其性之不得不然，而因爲自然之行。豈輕重之物，能自造其性爲輕重，且自造而自定之，自定而自分之也哉？

或謂元氣之清者爲天，濁者爲地，似天地萬物，即是元氣所造。孰知元氣爲四元行中之一，僅可爲凡雜體之一情，不可爲造之主也。夫四行之序，土上爲水，水上爲氣，氣上爲火，火上爲天。然至火域之上，天體極清，精粹不雜，全無元氣矣。惟由天而下，凡雜形體之物，皆得四行之情以生且存。故論元氣之充周，不能及於火域之上。論元氣之作用，必須兼以各行之情。此總歸造物者妙工耳。且氣行原一純體，惟其所發，止有濕熱二情，以接於他行，而屬爲凡雜形之情。非於一氣中，而雜有清濁之殊也。至其本質，不過氤氲空際，或盈或散，或順或逆，或去或來，何得自分爲天地？況無靈能，安能瞭明天地萬物之象而分之造之也？則所以分之造之者，斷屬一至靈明之主矣。

又以氣中有理，似理可爲天地萬物之造者。不知理爲虛字，僅依賴於靈明者之中，以爲造製之規則。如作文有文之理，必因人之明司，循其理以行文，而文始成也。豈理自能成文哉？可見理不過如國家之有法律，法律雖便於治國，而所以施此法律者，斷屬大君之權。倘區區法律，不能自治其國明矣。故理屬虛藉，原無靈才，並無自行之權，又安能分元氣而造天地萬物耶？又有謂太極爲生萬物之原，則太極可爲天地萬物之造者。不知太極總不外一理字。遍閱中書，未聞太極爲有靈明之體。據易經傳云：易者，陰陽之變。太極者，其理也。又云：萬物之生，負陰而抱陽，莫不有太極。則太極與物同體，安在造物者亦渾於物，而與物同體乎？夫太極以中書解義考之，似可爲物之元質。元質者，乃造物主所造爲天之下有形體之元質，能受萬模之變遷。故凡天下有形體之物，其體俱由質、模二者，結合而成。質者，乃物之材料。模有象模，有體模。象模，即物之外形，如方員曲直等是也。體模乃物内之精體，定物性於其本類，而別之於他類之性。如人之形像，乃其外模，靈魂乃其內模。所以儒云：物物各具一太極，不似同此意乎？是則太極祇可謂元質，斷不可謂造物者也。

又有爲盤古分天地之説，似盤古可爲天地萬物之造者。此愈屬荒唐。依《綱鑒》云：盤古生於太荒。夫既有所自生，則盤古不過爲天地中之一人。既爲人，必在天地之後。既在天地之後，安可謂天地萬物之造耶？又云：盤古首出御世。夫既曰御世，則盤古又不過爲中國開創之人君。安有天地內一人君，在有天地之後謂其能超乎天地之外，而分天地也？何誕之甚哉？又稱天爲父，地爲母。若以天地自能生人及物矣。不知凡物原自全無所有者，斷不能施之於他物，如雪自無熱，何能使物爲熱？蓋物之生物，各從本類，不能過分。禽獸爲覺性之類，僅能生同類有覺性者，而必不能生靈性之體。諸類皆然。天地既自無生命，何能生有生命之物？又與人不同類，何能爲人類之父母乎？且天地總爲受造者，自不能爲造者。夫天以覆物，地以載物，謂其有覆載之用則可，稱之以父母之名則不可。是天地之外，必有其造天地，並造人物者在矣。

釋云世尊，道云元始天尊，或以是爲造者矣。孰知佛者，小西天竺人也。產於周季，淨梵國王之子。彼言天上地下，惟我獨尊。不知彼未生之先，尊將誰屬？既生之後，父母反居其下耶？夫未有釋氏之前，已有天地。既有天地之後，方有釋氏。是天地之有無原無關於釋氏之存沒。即據佛藏，概未聞云佛生天地神人等。既無生物之功，又安得爲天地神人之主，而爲上下之獨尊乎？若道家所談，雖圖籙怪誕，縱意恢張，然老氏總爲人類中之人，何得稱爲元始天尊？其塗飾妄謬，明者立剖。又無容贅陳矣。或謂佛老亦造物主授以保存人類之權，則人尊之也，似宜。不知佛老之權若由於造物主，彼當先自欽伏原主，因率世人以同認共主，斯可稱奉職循吏，而爲造物主良臣也。乃彼居然獨尊，且謂禍福予奪之權咸歸其命，令人敬己之外，槩無所忌焉。受命於造物主者，顧若是乎？尊之者適見其惑已。夫佛老既非授諸造物者，則凡各鄉俗之邪神淫祠，俱係後人妄立名號，斷非上主所授之神。故官不出於朝廷，定是假官。神不出於上主，定是僞神，皆爲邪魔所托以引誘人者，吾安可奉之爲主乎？

天主性體第二章

造物主原無名象，人不得以聞見臆測其性體，必先設一此是彼非兩端，以通其説。凡欲解一物爲何如者,或解之以是而此物見,或解之以非,而此物尤見。解之以是者,謂即物體而直解之,如人即解之以肉軀靈魂二分是也。解之以非者,乃即物體而曲通知。謂此物異於他物,如人形之以非牛馬木石等是也。則欲解造物主無形之性體亦然。或解之以是,如云若者是主之極美善智能,若者是主之極仁義誠實,若者是主之極榮福等。乃其至德淵微,至神無迹。覺耑解之以是而難明,不若參解之以非而愈明。如云主非有始終,即異於諸有始終之物。非形質,即異於諸形質之物。非有變易之情,而大遠於凡能變易者。非有異分以合其體,而迥殊於有異分附雜者。此造物主之性體,畧見於斯矣。至欲通其全體之奧,又有所不能,如目視太陽,視愈久而目愈眩焉。蓋天下形質之物,如纖蟲微卉,人之明悟雖高尚不能悉其所以然,況天主無量妙性,安可周通而靡遺歟?但造物主之名,不可無以稱之,乃於無可稱名之中,稱之爲天主者,因人所以惟天爲大,能覆萬物,故約其義而稱之曰天主,猶言造天生萬物之大主云耳。

何徵天主爲無始?天主乃是自有,其有無始。若天主有始,必有時無天主,而先有施其有者。其有爲始有,亦爲受有。是施有者爲天主,而受有者不得言天主矣。故人之明悟,雖不能推論至於無窮,但愈推愈遠,亦必有所止,則此所止者,即爲最先之一自有而有。其有無所從來，所稱無始之天主是也。如萬由於千，千由於百，百由於十，十由於一。至於一，乃爲諸數之始，更無有別數在於其先。又何能復問一之所由來乎？惟天主無始，乃爲萬有之始。無原乃爲萬物之原。豈復有原始之原哉？

何徵天主爲無終？凡能終之物，皆變易其體因得終，即失其有之體。天主不能變易，故無有終。天主無變易見後。

凡屬能終之物，其故有三。一出於物內，雜有異情，相尅而壞，如人肉軀之生，原受有四元行之情，因有四液在内一是紅血，屬氣情；一是白痰，屬水情；一是黄痰，屬火情；一是黑痰，屬土情。而有異情相尅，所以人肉軀被其所尅，故漸衰壞而終。凡雜體有形質之物皆然。至於純神無形，原無雜情，安能有終？二出於物之外有勝其能者，而自無能存己，故受其壞而終。如火少水多，火不能勝水故滅。天主之能，乃爲全能，無以尚之，何能受害於他能以終乎？三出於存物之有者，不存物有，而物有因以終。如太陽升照空中有光，若不照而光無，爲其存光之本不射其光也。天主之有爲自有，存己有亦爲自存。安得因無存其有而終乎？至若神鬼及人靈魂，其體亦弗終者。凡言如此之體，不可誤作形體解，乃是無形實有之體。固屬大主保存之權，非可言自有而自存。獨天主從無始自有而更無有施其有者，安得有時無其有，而爲有終哉？

何徵天主非有形質？天主爲至靈純神之性，原無形質。若天主有形質，必兼有靈而非塊然者之形質。若天主之性，必成於形於神，則厥性如人之性。然有形神二分之異情。若有異情以成爲一，其先必有合其二者之爲一。天主既無始，必無其先者合其形于神之爲一也。可見天主原無形質矣。天主降生爲人見別論。

何徵天主無異情以附合其體？天主至一無貳，至純無雜，自實爲其明照，自實爲其善愛，自實爲其智能等妙，非有異分附合而成也。凡附異分所成之物，其先必有合諸分以成爲一。如以上説云。至於行仁行義，所發不無異效。然天主純性，盡包諸德妙有，故諸德在主同爲一。雖其所驗有異，而在所從出之本爲一。如均此皎日之熱，泥得之而堅，蠟得之而柔。效雖有異，而日只一純熱，初無異熱。故仁義諸德，其效雖有異，在主只爲一無異也。又人時想天主諸德諸情有異。其異寔不在天主，止在人明悟之內。如通國官職之權，在各職有異，而在國君統一之權，原爲無異也。

何徵天主無變易？凡能變易之物，由其有非至極之有，因而有增減之變。天主之有，凡美善智能等妙，全成至極，故動變萬物，而己不遷；保存萬彙，而己常靜。且物之所以受變有三。一曰變於體，如天下雜形質之物，受有異情尅壞，遂變其本體是也。天主既無形質，其體何能變壞？一曰變於所。萬物各有限界，因不能充滿萬所，雖神鬼與人靈魂瞬息在此，忽然在彼，非能充滿萬所，惟變於其所是也。天主之體廣大無際，天地内外無所不滿，無物得以囿之，安能變易於所乎？一曰變於情。凡物有各附之體，所發即有不定之情，如先喜後怒，先昧後明，先無後有等是也。天主之體，全然純一，絕無各情之附，其所知者皆從無始照知，所造者皆從無始定造，所有者皆從無始備有。凡妙情盡然，亦安有變於情乎？

天主因人獲罪，從而怒之；因人痛悔，從而愛之。愛與怒似有變易之情，而實不然。人之功罪，當賞當罰，天主從無始而定。蓋功則宜賞，罪則宜罰，是變易在乎人之善惡。時而行賞，時而行罰，是變易又在于時之當否。而非天主有怒愛之情，相爲變易也。譬如明鏡照物，時妍時媸。妍媸之變易在物，與鏡何涉？至論天主本情卻又純愛無怒。蓋遂我意而愛，不遂我意而怒者，在人變易之情則然。天主爲至純性，本無相反之情，自無愛而兼怒之理。即在聖經有云：天主義怒，亦以至公無私。惡則必罰，而罰惡乃爲主之義怒。則怒是謂有義之驗，而實無怒之情也。

何徵天主美善爲至極？天主乃爲萬善之善，無善不備；萬美之美，無美不全是也。蓋物類各有一原，凡爲同類之情，即皆備於其原，如火爲諸熱之原，則諸熱情皆備於火；日爲諸光之原，而凡光皆備於日。天主爲萬美善之原，而凡物美善或諸性之美善，或諸自行能德之美善，或諸超性之美善，無一不由於天主。如一隙之光，發于太陽；一勺之水，流自滄海。但凡物美善，不足以比天主美善，正如一隙光之於太陽、一勺水之於滄海也。

何徵天主之智爲至極？天主無所不知，乃爲全智者是也。天主既爲造萬物者，則萬物之情，與造之之理固無不洞知。亦爲保全萬彙者，則其未來受壞之害，尤必預知以存其有。又爲賞罰至公者，則人思言行之善惡，必無不知之，以施其賞善罰惡之權。又知已往現在未來諸事物，或後來造成與否，因通達自己無量之能，並無不一一了明。此所謂全智也。此全智不由於推議而成，亦不由於信德而幾。夫推議乃爲有未明之理必藉議論以究其真實，信德乃爲有未見之事，必憑實説以定其確據。天主無所不明，何須推議？無所不見，何須信德？惟舉凡已往現在未來之物，於主常現焉而已。蓋事物前後之别，只在於物於時，而天主高越乎萬事萬物之上，從無始以及無終皆常現於其前。如一人登高而望下，此之人或行或止，或遠或近，俱在其眼中也。又安得謂天主有所不知乎？

何徵天主之能爲至極？天主無所不能，乃爲全能者是也。夫各物之能從乎其性。性愈尊者，則其能愈大。如人之能大於禽獸，因人之性尊於禽獸故也。神鬼之能，大於人類，因神鬼之性尊於人類故也。天主之性，至尊無對，全備無缺，其能詎神人所得較乎？大凡爲各類之宗原者，其自有之情不能不及於能受其情之物，如日爲諸光宗原，凡能受光之物，無一不能照之；火爲諸熱宗原，凡能受熱之物，無一不能煖之。諸等宗原皆然。天主本自有者，而爲萬有之宗原，則凡能受有之物，無一不能造其有也。試觀神鬼之能，雖異於人類，亦能不藉器具而成物於瞬息，要必需物之材料而成。成矣而不能永保其有。人類之能雖異於禽獸，亦能製作物用，然必觀成有候，功不由於迅速，質料齊備，有非造於全無，且藉其器具，勞其心力，庶造成一物。即成又不能久存。惟天主造物其有爲自有，能出萬有於全無，不待時候，不藉資器，欲造而即造，無有阻其能矣。無庸質料，無勞心力，命成而斯成，無不遂其意矣。及物成之後，又常保其存，而不需贊助者焉。此天主之能，所以無不全也。

何徵天主仁慈爲至極？天主無善不備，乃爲全仁者是也。行仁本效，不外救難釋苦兩端。但自人行之，則從憂情中來。見人危難困苦，心實憂之，而怵然難忍也。若出自天主，則由於其善非發於其憂，因其純福固不能有憂而善爲全善者，則隨其善所發之仁亦全也。不觀諸火乎？熱火隨大小而發，火大所發之熱必大。天主善全所發之仁必全矣。

何徵天主義德爲至極？天主至公無私，無善不賞，無惡不罰，又無絲毫或爽，斯爲全義者是也。夫義屬於分物之宜，如治國之君，分位於所當得者，使臣庶各得其當然職分，即顯明君公義之極。天地萬物，或靈或蠢，宜貴宜賤，皆遂本職，而無一不順其所當然，不可徵天主公義爲至極乎？聖人有云：見萬物之形者，即彰天主之公義矣。至於權衡善惡以施身後之賞罰，則又無不合人心之宜，而群相伏耳。身後賞罰公義，詳見後天堂地獄篇。

或以今世有善者得禍，惡者得福，爲天主公義之歉。此乃不知禍福之真僞，故有此疑。蓋善者蒙福、惡者受禍，固是正理。但亦宜分禍福之真僞，爲善而得身後之永樂，此爲真福；爲惡而得身後之永苦，此爲真禍。如今世之有惡而得福，善而得禍者，皆爲僞耳。然在今世，天主施之，又無非公義所存，其降苦於善者，因善人不無微過，以今世之苦煉之，則其善爲純善，而死即登天國，且增其功於今世，所以便加其賞於身後；降樂於惡者，因惡人不無微善，以今世之樂償之，則其惡爲純惡，而死即墮地獄。若姑酬其樂於今世，正以便施其罰於身後，且以微苦罰微罪，正見無罪不罰，以微樂賞微善，亦見無善不賞，謂非天主之公義耶？夫人惟見善者苦，即以爲禍矣。不知今之苦，乃兆後之樂，亦何禍之非福？見惡者樂，即以爲福矣。不知今之樂，乃招後之苦，亦何福之非禍哉？真福真禍説見後天堂地獄。

何徵天主誠實爲至極？天主乃爲至誠之源，諸真實之表，絕不能虛僞是也。凡虛僞之情，或由明司不知物實，而欺自己；或由於私意妄誕，以欺他人。此虛僞所以相悖於誠實也。天主既無所不明，則不能欺己；又既爲全善，則不能欺人。安有妄言而蹈虛僞之情乎？或謂天主無形，安得有言？不知十誡垂象降生立訓，非天主之言乎？蓋其憑據極真，萬倍於我人目見。因人肉眼有時瞞昧，錯認爲真。天主明徹事理，斷不能自欺，亦不能欺人，所以語焉可伏，言焉可信，而無些毫可疑。若疑天主之語言，即是疑天主有虛僞，罪莫大於此。

何徵天主榮福爲至極？天主無福不滿，乃爲全福者是也。凡屬靈體之福，先在明司，次在愛司。明司達奧理，識美善。愛司享明司之所達所識者，即爲其真福。天主以其明照徹自性妙有，及無窮之美善智能等。則其愛永享明照所徹之妙，無所不滿足,而無福不自有,更無有他福之可願焉。又明達萬物之情,萬有之理,凡造成萬彙之權,無不自操持之。而至尊無比之貴,無有能阻撓其欲者,欲行即行,欲止即止,斯其福安可比耶?且其福咸由於内,不襲於外,實出於己,不藉於人,全備無缺之榮,從無始至無終,莫不如是。雖天神與聖人,咸讚揚其名,於天主之全福無增;即傲魔與惡人,咸忤逆其命,亦於天主之全福無減。故未生神人以前,天主此榮福;既生神人以後,天主亦此榮福。天主獨爲諸福之真,諸福之純,而爲萬王之王,萬主之主矣。

天主有何愛?天主之愛,乃自無始至無終,不能止息,而爲無窮際之愛是也。蓋明司向真,愛司向善。天主明照既知自己美善之極,不得不愛自己。則見天神善人之德,與萬有之美,皆由於其美,亦不得不愛之。天主美善無窮,則其愛亦爲無窮也。

天主無謙名。天主爲萬有之獨尊,無有上之者,安得有謙名乎?謙者對傲而名也。傲者神人宜絕之疵行,故用謙克之。蓋神人或善或惡,皆宜謙以自下。善者因其善不可自恃,乃由天主助祐,固宜謙於主。惡者因其惡必受罰,應屬天主義怒,愈宜謙於主。天主既爲全善無有或缺,不待外祐,不畏别權,何有上者可讓乎?是以常顯揚其善德，廣布其聖名，令神人尊敬之，而自不容尊敬他位。但此情在神人即爲傲根，在天主實爲本分，由其爲萬有之宗，至善無比。萬王之皇，至尊無對，令人尊之敬之，非過也，宜也。夫天主愛祐神人俯而撫之，統而護之，無傲之可言者，亦無謙之可名。故曰無謙之德，正爲獨尊之驗歟！天主降生在世多行謙功，乃出于其人性，爲世人立表，當有別論。

天主爲獨一無二者。蓋天主在己全備諸善德權能，而其造成萬物，咸任意自主，無有匹之者，得阻其行。若爲有二者，則必有殊別。此所有者，必彼所無。一有全善，一無全善，即係有缺而不得爲全善，既不得爲全善。何得爲至純無雜之主乎？且有二者，各具其職，各出其意。此之所願，或爲彼之所不願。一欲造之，一欲壞之；一能造之，一能阻之。即係有歉，而不得爲全能。既不得爲全能，又何得爲生天地萬物之大主乎？夫國有二王，必至爭權；家有二長，勢將不睦。一天地何得有二主哉？

天主爲無所不在者。天主性體極廣，雖瀰綸六合，而六合有所不能容。貫洽萬物，而萬物有所不能雜。蓋天主在物有三。一曰以能在。萬物爲其所造者，即皆屬於其權能。如通國臣庶，無一不屬於國王，所以王之權能，自在於通國。天主無所不屬其能,是以其能無所不在。一曰以現在。所造之萬物,無不畢現於前,而造者常見之。如物徧朝堂之間,俱係國王所設。雖其身不移,而各物無不現於其前,而爲其所見。故天主所造之物,凡已過現在未來,其所運動,或一思一言一行,無不現於其主之前,而主即無不現在於物之間。一曰以體在,即是以體達物之内。如靈魂在肉身,徧身無所不在也。天主尊體通入物内,以爲物之動存。若無主在其内,何由得運動保存?如靈魂不在一肢之内,此一肢即死而不活動矣。聖人云:天主如無涯大海,萬物如一塊麵包。主體達物之内,圍物之外,正如滄海浸透一麵包也。且天主尊體雖達各物之内,其體又不屬各物之本分,不受各物之本情,而與物體絶不相蒙相雜,以至輕褻其體。今夫太陽有明,雖穢土亦所必照,終不能以穢污染日光。蓋穢止在物,而日光自不受褻也。天主體入物内,何以異此?天主非形目可見者,人之形目自有本界,只能視有形色之物,而不能視無形色之物,即無形像,如神鬼及人靈魂,人目且不能見之,何况天主至靈純神,無色無像,豈人形目所得見乎?然天主固不可以形目見,但人原有一神目,即明悟是。惟用此目能視天主之實矣。蓋明悟之所視,自真於形目之所見,因有時形目所不及解者,而明悟恒能通之。今覆半棋於水面,影映其下,在形目見之如全者,惟明悟能識其非全。豈非形目之所見有誤，而神目之所視愈真耶？人誠能清明其神目，由天地人物之工效以推及最初所以然，則自信天主爲實有，將身後可得親見其性體矣。倘必欲以形目親見，始爲實有，至於無形奧妙，謂其未經吾目而弗信也。是豈明哲之士哉？

天主造成萬物第三章

天主全能，必有其全能之行。然天主之行，有由於己而止於己，如明照誠愛等是也。又有由於己而及於物，如造治保存等是也。但其造成萬物皆緣於其明愛，而所造之物，不得不爲實善無缺。若有缺憾，則不屬主，惟屬物矣。故其造成萬物之意，正欲通其善於物，以現其美善智能。如生物有序，現其智之奇；生物華麗，現其善之美；生物齊備，現其能之全。使人見所造之物，不得不認一所造大主也。經典有云：天主造物妙工，吾人常視而常顯，愈推而愈明。聖罷西畧曰：萬物如一部全書，備載天主之全能。一物自爲一章，各紀萬有之共主。人試披其書，未有不願覿其容，而樂其美也。且夫世間諸物，恍若高聲疾呼，有令人亟認其主之妙，如天體之高，令人知其主尊崇無際；日月星辰之光，令人知其主章燦無限；地之豐沃，令人知其主靡福不備；人之靈性，令人知其主靈明極徹。凡物類然。奈何人心昏迷，塞其耳，閉其目，高聲呼之而不聞，萬形觸之而不見，終昧原主，善功弗成，而身後之永福無由享也。其負造物主化成之意，不既多歟！

造成天地萬物，乃爲天主本能而不屬於他能。雖神鬼與人，不能造成一物之微。蓋造成是生物於全無，而賦其性體，如原始無天地人物，後時始有，因未成之先無他物，可用以造其有。可見其有不出於他有，而出於全無。倘非全能者，必不能造有於無。天主既獨爲全能，則造成之工，獨歸之無疑矣。有有乃各物之本情，因其爲物，不得不有有。故萬物皆同於有有，而異於某性之有。物有有即是初所施於物。又是萬物通共之本，初所施於物至公之本，皆屬於最初至公之所以然。故最初至公之所以然，獨爲天主，即物有有，亦獨屬天主。故曰：造成之工，獨屬天主，而不能屬於他所以然。

凡物之成有三，一造成者，一生成者，一藝成者。造成者，謂出有於無，如天地、四元行，及神鬼人靈。先俱無有，獨天主以其全能造之是也。生成者，謂以物生物。先備有物之質具人之精，物之種是也，以便質合於模，即生各物以傳類，如人生人、獸生獸等是也。人生人，與獸生獸有異。獸之生乃既備其形質，任覺魂所發而成爲本類。若人之生，則父母先備形質，而天主隨造成一靈魂賦之。詳見後。藝成者，謂以質料作成某物某器之外模，如工師以木石作成宮室，陶冶以土鐵作成器皿是也。此三者之能，其原咸由於天主，而生與藝兩能，天主賦之於物，使之生生不絕，藝作相資。獨造成之權能，則天主自操之，而他無與焉。世人可以人物之相生，妄疑人物能自出有於無哉！

何徵天主管治萬物？萬物並育，統成寰宇之全圖。其中之或小或大，或高或卑，倘無以管治之，斷不能各行其情，各安其分，以相順濟也。譬如三軍之衆，無一大將監督，鮮不違伍亂律矣。且世間儘多蠢物，莫能主意，乃其行常爲一向，謂非至靈之主，引他如此乎？如箭中的，非自中者，必係開弓者之力引之也。

何徵天主保存萬有？夫物頃刻無主以管治之必亂，頃刻無主以保存之尤必滅。蓋保存物有，乃是常施其有，如日照空中，常照以存其光。若頃刻不照，空中即無光矣。豈天主既生物有，而不常存其有也哉？

凡物各有當然之妙，皆足顯天主之全能，即微蟲纖草等，咸屬有用，斷非空閒餘物，特人不知其用耳。猶之一人，向不識字者，忽閱書籍中千形萬畫，即駭而疑曰：昔人何必作此空閒無用之餘字耶？寧不笑謂之曰：世無餘字，特不識者餘之耳！

天主造成天地萬物次序，詳載經典。自六千八百六十餘年之前，無天地並無他物，獨一無始之天主，於全無而造成天地萬物。不外六日間，而萬物觀成矣。第一日造成第一重峻極之天並地，及衆天神，但斯時地尚幽暗。命光成，光即成，分光於暗。第二日造成十重諸天，而覆物之需聿備。第三日分峙爲山，分流爲水，而命水注於海；又命地現水面，能生草木。第四日生日月星辰麗於天，分晝夜，列四時。第五日生禽鳥鱗介諸類，使之能自傳生。第六日生諸等走獸於地面。又生一男名亞當，爲人類原祖；生一女名厄襪，爲人類原母。置之福地，延續人類。此造成之序，經典所載，炳如也。依《聖經》約舉之，詳解未及録。

造成迄今六千八百餘年，此經典所紀，實爲有據。而中國外紀所載，謂自盤古至堯舜，計有數千萬年，何無稽之甚也！想中國堯舜伏羲以前，事多屬荒唐不經。故聞孔子刪書，斷自唐虞。豈非以太古之説爲不可信乎？今按經典所載，謂自堯至今，僅有四千餘年，則遡堯前，謂更有二千餘年，亦不爲不多。此與經典不甚相遠矣。卷一終。

聖教明徵卷之二

泰西傳教聖多明我會士萬濟國著

天堂第四章

天主造成形天爲覆人類，其上有日月星辰之照臨，使分年歲爲四季，以養存滋生。空際乃有冷域，能結霜雪雨露，以潤澤人物。蒼昊之上，又有一重峻絕之天。其外無物，乃爲萬物之界。至廣至大，極清極明。清而不動，無待日光，常自輝耀。此乃賞善之所。九品天神，並諸聖人善人，俱在於茲，共享永福。即所稱天堂是也。

天堂實有。天主降生時親口所諭，聖典紀載矣。天神聖人，常降而訓善人，衆聖師備詳紀録矣。並無數聖人聖女，寧以其血證天堂之實。血乃爲主受難之血。種種實據，堪信無疑，不必目見也。今試舉一二端以徵其實。蓋有統治之權，必有賞罰之法，如一王治國，有賞有罰，而王綱始肅。天主既爲萬王之王，則神鬼與人之善惡，斷有公義以分治之。則賞善之大權，豈僅在人世至暫之形福哉？且公義在於分置各物所當然。天主無善不賞，又不全賞於今世。今世賞罰亦是公義，見上論義。則後世安得無賞罰之區也？夫善功必有所向，始勉爲之。如農之胼胝劬勞，向豐年也。商之宿露飡霜，向盈餘也。士之晨雞夜雨，向名禄也。曾人之趨善立德，困苦自甘，獨謂無所向乎？既有所向，大主倘無天堂之真福酬之，將聖賢之艱脩，俱爲徒勞，而奸回之縱慾，愈見得計矣。是豈公義之所宜耶？吾故曰：有天堂以賞善而公義始彰。

善人所向之真福，實不在今世。其故甚多，姑舉數端以徵之。凡名爲真者，必出於純全。今世之福，無一可稱爲純全，即無一可稱爲真福。夫世福總不外身樂、財物、權位、聲名四者。然此數福，雖欲之而不能備；雖備之而不能無苦。如身樂，或在飲食，或在淫情。一招多疾，一招多穢。與禽獸同樂，僅一時適情。情過生厭，往往然也。安在其爲真福乎？財物愈多，憂患愈集。未得之先，營圖心勞；既得之後，謹保智拙。倘至或失，愁懷莫釋，舉動顛倒。此猶得謂之真福耶？若權位高則愈危。語云：威名過盛，每有震主之嫌。又云：趙孟之所貴，趙孟能賤之。何予奪由人而不得自遂若是！即至君王，保治防亂，欲求一日豫逸而不可得。奚暇云真福也？至於聲名愈爲虛幻之影，全憑人情。合則譽，忤則謗，謗譽靡常。虛聲純假，惟假不得爲真福。此一徵也。

凡物類，天主必定其本性之所向。所向既得，即安止而無他望。如石本向下者，一墜於下，即得其所向而安；火本向上者，一騰於上，即得其所向而止。人性本向，在於真福，亦必既得真福，始足以遂其向，而安於所止。苟謂世福可以足其願，何以貧時願富，富時願貴，既貴又願得壽，既壽又願常生。究之今世長生，不可必得，而人之所願猶未已也。此豈人性所願原無厭乎？蓋未得其真福故耳。不然天主寧空賦人以難足之願哉？必有以足其願者在矣。真福不在今世，此二徵也。

所稱真福，必備以酬真善，假善與非善者無覬焉。若世福可以爲真，何世多潔清自愛，常遭困厄，而素行不軌，逸樂終身？豈真福無關於善惡之得失乎？抑賞善必有一定之真福耶？真福不在今世，此三徵也。

天主生人爲世上萬類之尊，其肉軀似禽獸，其靈性似天神。論其肉軀，則在今世能享有形之福；論其靈性，宜在後世得享至真之福。禽獸之樂，只在今世。天神之樂，自在天堂。人之福當超禽獸，而同天神也。不然，世福不足滿人之願，而禽獸在世，恒適志滿欲，比人尤幸也。有是理乎？真福不在今世，此四徵也。

然則天堂之榮福，難哉！解説其詳也。形世無一幅可舉似其影。經典云：天主滿備諸福，以酬其所愛者。我人目所未見，耳所未聞，口所不能言，心思所不及量是也。蓋天主生許多美好景致在於今世，令人與禽獸共處，善者與惡者共享焉。恩無功者，尚且如此，則恩有功者，又當何如？待所惡者，尚且如此，則待所愛者，又當何如？即此可推身後真福，爲賞功酬愛之所，必與世福大相懸絶矣。譬如世父愛子，極其愛之之心，倘能使子之尊富榮顯，何所惜而不與？但限其分有所不能耳。天主愛神聖，不啻如父愛子。其能既無福不備，其愛又何福不與？是天堂之福，果難以言述也。今姑依聖經與聖師所傳者，畧陳其説。

天堂之福，爲真爲全爲永，内外無所不樂是也。夫神福先在於明司，能明實理；次在於愛司，樂享所明。聖人既升天堂，其本性之光，大開明亮。天主又加以超性真光，使之得視天主性體，而見其光榮，並使之能知天地萬物之次序性情。雖在世爲椎魯者，及至天堂，其明悟一時了徹，即世之極稱高明者，不能比之。然則明悟既慊於所知，自安止於其本向，而不願別識他理。其愛欲樂而享之，亦不願更得他福也。且原主既覲，如久旅得歸，神怡志酣，永不相離，常定於善，不能再犯不善，每合天主意旨，主所愛者即愛，所惡者即惡。彼之愛主，愈切於己之自愛。主之愛彼，倍切於人之愛主。更聖與聖相愛，無異愛己。凡聖人之福，無不如己之福。其愛無偏，始爲真愛。斯其内樂，抑何足耶！乃既享諸福之原，其外俱無所擾，絕無饑渴疾病憂怒哀痛諸情，常順無逆，常樂無苦，常安無危，常生無死，常新無厭，常存無失，常明無晝夜之更，常春無寒暑之變。雖不言而心喻，不行而神至。此天堂真福約畧形似，正如全海之蠡勺，全天之管窺也。人之願望，其庶得所引歟！

天堂之福無終，其徵有三。凡稱真福，必無纖微之苦。倘天堂之福有終，則聖人之心仍爲未足，猶慮或失之。或福愈大，其慮彌深；慮彌深，其心亦彌苦，則與世福苦樂相雜者等矣。豈得爲賞善全福乎？此一徵也。若疑真福有終，或係升天者，享福不能至於無窮，如人目不能視遠，視愈久而目即至眩眛乎！抑或爲升天者既得真福，其欲已厭，不願永享，如人目雖能觀物，但目力既倦，因閉目而不欲觀之乎！又或爲升天者所享之福，有時爲大主所奪，不得永存，如人目原是能見，心亦欲見，但所見之物，爲人移奪，因不得見之乎！孰知在天堂之靈神，永自不滅，其超性之真光，永不能晦，則真福無終，正與善神靈明，兩爲永而兩相宜也。安在不能永享於無窮？況天堂爲聖人本所，天主又爲聖人根宗。既至天堂得其真福，是聖人生平所欲得，而慮其難得者，于斯而慰焉。生平欲適所向而莫得其止者，于斯而定焉。則期得之情既切，而永福之樂日新，安有不願享其真福之理？且予奪之權操自天主，而聖人所向者惟主，主之所愛者惟聖，是聖人向主之心無易，而天主賞善之心亦無易也。安有奪其全福之事？永福無終，此二徵也。

升天者，若有能終之真福，必因善靈仍能獲罪於天主，以致主罰而奪之矣。不知人有遷變之善惡，而主有轉移之賞罰。此在未見天主則然。若既升天堂，一親天主，即定於善，永不能犯罪。蓋行惡之機原由明悟昏昧，認僞爲真，愛欲隨而向之，其惡乃成。賢聖在天堂既無形慾之蔽，又有真光之加，其明司一定於真，愛欲一定於善，永不能犯罪，自永不能失其真福矣。此三徵也。

天神與聖人在天堂，雖能明見天主性體，而亦不能盡通其奥妙。蓋凡盡通乎物之性體者，即全達其體之真若何。若天主性體，其權能明愛等，俱屬無窮，天神與聖人之明徹，皆有本量，何能盡通之也。汪洋之水，非一器所能盡容明矣。然明知其性體爲無窮際，不能盡通，止安其本分所通之福，而亦不願過通。如器容水盈矣，豈宜再加其水乎？

凡在天堂者，其真福有品級。蓋真福莫大於愛主愈切。愛主愈切者，必由於見主愈明。而見主愈明，乃係天主真光之加。論人本性，明悟原不得見天主。惟升天後，天主加以真光，使超乎本性，乃得見之。如人目雖能見，必加以日燈之光，始見物色。天主因善人在世之苦功有多寡，而在天真光之加有大小。功多者，所得真光必大；功寡者，所得真光必小。如朝廷考功序爵，品級有差也。但真福雖有品級，而其願無不各足。下品不願上品者之福焉。凡有致賞之功，即有受量之賞。天主賞功稱量。量之廣狹，又由於功之多寡。功多者量亦廣，功寡者量亦狹。善人各得其本量而止。無減無增，斷無外慕旁覬之情。如幼壯飲食多寡不同，各期一飽。幼雖食少，飽自無他慕也。又如授子之衣，長短不一，惟隨其體所宜。體低，豈慕衣長哉？

人既得見天主，凡屬現世本分之事，天主自然畀以真光。因受此真光，而見之於天主，如見鏡即見鏡中所照之物焉。雖天主於事物無所不照，聖人亦有所不見，但因許其所得見者，即無不見之。故天堂與人世甚遙，而所見若至近。凡教中有求聖人作主保者，無不爲我等轉求也。天主常准聖人所求，但聖人之意常合天主意旨，必宜求中天主意之事。否則，聖人不求。故或不遽爲求，斷無求而不准。此聖人之意所以常足而無歉。

地獄第五章

天主造成厚地，爲乘載人類，並以發生諸物，充備以供人用。中有最卑一域，在地之中心。地如圓毬，中心爲最卑處。諸苦俱集，爲罰惡之本所。魔鬼與惡人同處於茲，受無窮永苦，即所云地獄是也。

既有天堂真福以賞善者，必有地獄真禍以罰惡者。蓋人所爲，獨有善惡兩途，斷無非善非惡，而介然中立者。若果爲善，必有受賞之本所；則果爲惡，亦必有受罰之本所。此理至明。今舉二端以徵其實。凡云公義者，當有二向互濟，始爲無偏，一向善者以行賞，一向惡者以行罰。天主爲公義之極，既必向善者而賞之，亦必向惡者而罰之。善者之賞不在今世，因今世之福不足全賞爲善之功；惡者之罰亦不在今世，因今世之苦不足全罰爲惡之罪。是以全備諸福在天堂以賞善人，又全備諸苦在地獄以罰惡人。此一徵也。

夫行善者，不獨有所望而爲善，亦有所畏而不敢不爲善。若僅有賞可望而無罰可畏，則爲善愈難，爲惡愈便。如將帥臨戎摧鋒陷陣，忘軀以狥國難，雖望王賞，亦畏王罰。若王僅備爵禄以錫有功，而無刑法以警敗將，則爵禄可望，性命難捐，勢必將士多爲退怯，而鮮爲忠勇矣。是豈所以懲怯懦，而倡勇敢之方哉?可知天主必有賞罰並施之權，固爲一定之公義，亦寓激勸之微權也。但其全賞既在身後，即其全罰亦不在今世。此二徵也。

地獄之苦，爲真爲全爲永，無有微樂，不能有終是也。總括有二。一謂之失苦，一謂之覺苦。失苦者，苦其本分所宜得而失之者也。惡人既至地獄，恒自思維，失此天主萬善之源頭，萬福之國，永不能覩其容，享其樂，靜止於其本所。又失神聖之聚處，永不能與之共享天福於無窮。思至此，刺苦其內。恒思恒苦，難以自容。所以返恨自己，過戀世上虚穢之微樂，遂失天上無窮之真福。故常爆發怒聲，嫉恨神聖。更自怨不若我初之無生，猶幸今日之無苦。嗟嗟!前之得此生者，優游過之；今之失此樂者，伊誰咎哉?蓋憂苦之輕重，隨其所失之大小。惡人所失者，乃享天主之真福，則失莫大者，苦亦莫重焉。所謂内苦者，大略如此。

覺苦者，受物之害而覺其痛苦者也。夫人在世行惡，總歸於背主、向物二情。惟其背主，主乃棄之；惟其向物，物亦苦之。彼獄火燒灼，甚於現世之火。聖人云：獄火較於世火，似世火較諸畫火。常煙無光，狀若硫磺，僅發微光，使惡人視諸醜態虐形，以增其苦。周圍熾燄，惡人在火，無異獸落檻中矣。雖天主亦依人罪之多寡，準其火力之緩急，但炎炎火阱，縱傾江水，其能滅乎？夫惡人靈魂如薪也，魔鬼則其燃薪之僕也。二者永在，其火永不滅焉。不獨此也，經典云：地獄炎冷相續不斷，惡人有時進灼於火，有時沉溺於冰。又云：地獄乃涕泣切齒之所。解者謂涕泣爲受火烈像，切齒爲受寒凍像也。又若常饑常渴，常聞臭穢，常聽慘哭喧鬭之聲，常視毒蛇猛獸之形。蓋在世之三司五官，騁此全體以就惡，地獄之千痛萬苦，宜乎全體以就罰也。所謂外苦者，又大畧如此。

凡有終之苦，縱云酷刑，若一念其終，則其數有盡，其樂可望，其心猶可慰也。惟地獄之苦，無終可望。其望無實，以爲方始，思有始之可終；以爲將終，反無終之非始。經典云：惡人在地獄，恒求其滅而永不如意；恒願其死，而不能得。聖額我畧解曰：人在世，所惡者惟死，所畏者惟死候。至地獄反以死爲祥，而死無候矣。因地獄之生，爲永死之生，其死爲永活之死。常死常苦，其死之無日，常生愈恨其生之莫避。但見上下前後左右，罔非射苦之箭。已往現在未來，俱爲設苦之阱。當此之時，宥赦之門已閉，慈憫之路長塞，痛悔之辰已晚，望德之慰無聞。天主之義怒，永不能息；立功之機會，逝不再來。惡人仔細思忖，徒增悲痛怨恨，卻似天主禁其心鑰，而無一隙可進以舒其憂也。噫！可不畏哉！可不謹哉！

或謂靈性既無五官百骸之形體，似不能受諸苦樂。不知人所受苦樂，原不由形體，實係靈性。試觀人之夢寐，形軀無外覺之用，而夢中或見奇景，或聽異聲，若爲實受其樂。或遇虎豹，或遭刀鋸，若乃實受其苦。此夢中苦樂，非靈性受之耶？若無靈性在内，區區形體斷不能知苦樂之情。再觀人斃時，形體非不俱存，而目不能視，耳不能聽，口不能言，鼻不能嗅，手足不能觸覺。此曷以故？蓋由知覺之原不在矣。然則靈魂離身，雖無形體，自有神體，而依天主之意能受本等之苦樂也。

或謂獄火有形，似不能苦無形靈魂。此又有說。論火本情，原不能苦靈魂，但天主提拔其性，命之超其本界，以罰惡人，無不順主能，而聽主命矣。然獄火雖爲熾烈，仍不能致其體燼滅，其性動變，如物遇火成灰然也。但靈魂既已受罰，獄火透體煆攻，時遇若遠若近，而其體之火，匝囿其間永不稍減。故使之憤懣戰慄，不得如意。夫靈性尊貴，火性卑賤，天主正以卑賤之物，制其尊貴之性。靈性受此等屈辱，愈增其苦。如世位至尊者，一旦被禁於穢所，縱鞭撻不加自有，寧受其死難受其辱之苦。今靈性被形火所窘擊，有不寧願其死得滅而無此痛者乎？公審判後，肉身在獄受熾烈之火，永遠不滅，如金在爐不能成灰也。

或謂人在世，行惡無幾。若加以無終重罰，得無傷於公義？不知此正足以顯其公義也。今舉四端以徵之。一、罪之輕重，視所獲罪者以爲準。獲罪於同輩者，罪小罪輕。獲罪於君上者，罪大罪重。至獲罪於天主，則罪無可匹，而罰亦無可擬。況惡人至死不悔，既不肯受天主救贖洪恩，即以其無窮之罪，受無窮之罰，不亦宜乎？

二、凡所加罰者，皆因其所自招，公理宜然也。天主許人爲善享永福，爲惡受永苦，奈何人嫌永苦之罰而故行受永苦之路。既行受永苦之路，則必自招永苦之罰。天主加人以所自招，又何傷公義之有？

三、世人心所欲行，身雖未行，天主自無所不明，所以人思行一善事，後或阻於疾病，阻於時勢，其權不得自主，以致善願未踐，天主賞之，亦如已行無異。因其不行不原於己之不欲，實原于勢有所阻。若人定於爲惡，或有所阻而不及行，天主亦罰之如已行。因其惡雖未行，非出於其內意，乃出於其外阻。今觀惡人在世，即臨終之頃，苟知追悔，何嘗不得救拔。惟其怙惡不悛，推其意若曰：使吾生無盡，而吾之行惡，亦與爲無盡。故其行惡雖暫，非其不欲永行也。乃其生命有限，不得如意以行於無盡。天主即以無盡之罰稱其無盡之意，于公義庸何傷哉？

四、賞罰兩權，理宜公平。惡既與善對，罰即與賞對。善者立功，曾幾何年，天主既以永福賞之。則惡者獲罪雖無多日，天主亦宜以永苦罰之。此爲公義之極矣。或謂天主爲至仁慈，在地獄者，若有悔改之誠似宜赦其罪。孰知人生在世，功罪之所由立而成也。人至身後，功罪之所由分而定也。經典云：今世乃爲克敵制勝之場，後世即爲報績論功之秋矣。勝受賞，敗受罰，再無立功之會也。蓋人靈魂未離身之前，能善能惡，每有瞬息之轉移。靈魂既離身之後，或善或惡，永無旦夕之遷變。故在獄者永受義刑，永不能發悔改善念矣。縱亦常自悔恨，原非愛主，止爲自愛，非悔其罪，僅恨其苦。所以天主之公義，永不宜息以罷其公刑也。如犯逆者，屢犯屢赦，而終不悛。及案已決，罰已定，斯時非不自悔前途。但其悔之意，衹迫於刑。若再赦免，仍復犯如前，而愈無所憚矣。夫惡人在世，天主亦屢招其受赦，而故自外其恩，以至終死加刑。其案已定，其悔無益也。

天神魔鬼第六章

天主造成之物，約有三等。或全形無靈，如天地、日月、星辰、四元行、草木、禽獸等是。或兼靈與形，乃人類是。或全靈無形，即天神是。天主造成天神，其體無形，其性純靈，其能浩大，神能不如天主全能，但比人類則浩大。其行輕快，不煩推悟，直通物理。衆多難數，總分九品。其福德智能依其品之高下以爲準。天主生之，爲供使令，以宣主旨而傳於世，並爲護守人物，以成行上主之命。故人物各類，不無有天神司管之。人則各人有一位天神護守之。司管物類，所以保動存也；護守人類，所以制魔害也。造成天神之意，大抵如是。吾人尚不知而不認有斯天神，可耶？不可耶？何徵實有天神？天主造成萬物，以成世界，原自完全無欠。既造有形無靈者，又造有靈兼形者，何獨不造一純靈無形之天神，以成世間奧妙之次第？而世間則無缺耶？凡固然之效，發於所以然者，必由親及疎，由精及粗。天主既爲萬所以然之原，其體本自純靈至神，則所現其固然之效，必先有其親且精之純神，後及於人物之疎且粗者。天主之體，雖與天主萬不相及，然既爲純神，其體與天主略近，與人物相遠。如同爲國君臣子，宰臣較尊於群僚，以宰臣近君故耳。天主爲萬王之王，萬物之至尊者也。天神則其宰臣也。彼具純靈之體，常親於主，以領其命，宣其旨，不亦宜乎？此以徵天神之必有也。

天神之性，在天主之下，人類之上。天主管治萬物常用上者以護下者。故保治人類，必使天神降世以護守之。或引人趨善避惡，或爲人攻仇敵寇。則天神大有益於人者。人奈何違背天主之命，輕忽天神之恩，而轉向乎木石之僞像，爲佛老，爲神仙邪魔，而妄敬之拜之求之哉？

天主造成天神，其中有一神，靈明最尊極妙，名路濟弗爾者。彼見自己之尊之妙如此，輒萌傲念，思不歸向天主，遂不順主命。允品之下，從而妄學其惡叛主者最衆。天主貶之於地獄，以受無窮之罰。即今所云魔鬼是也。魔鬼，天主亦定其最多，留在於是世人類之間。其故有二。一爲恩善者，一爲罰惡者。恩善者何？善有真僞之別。若僞的一經其誘，愈顯其僞，或因之而自覺焉。能反不善而爲善，未可知也。若真的誘之雖工，克之必力，猶烈火試金煉則愈精。故從來聖人立功，許在得勝魔敵。如將禦寇，功大賞厚焉。倘世無魔敵可勝，則善人忠勇二德亦無自而大成。此天主用魔之意，何非曲成其善之特恩歟？罰惡者何？人失主恩犯罪，遠本主而親魔仇，是亦魔之役也。天主即許魔役之，或設立異端，以惑其志；或僞作經籙，以亂其心；或頻托怪術，以駭其目。使惡人一往着迷，杳不知返，則生行魔路，死歸魔舍矣。此天主用魔以罰惡也。殆人之惡有以自取之矣。

或謂魔鬼如此害人，天主何不禁圄於地獄？孰知天主未嘗不禁魔害也。試觀虐魔自被罰以後，見天主生人以補魔鬼原失天堂之位，而已不能復，則妬恨人類最切，殆欲盡世人屠滅之。然何以人類至今不滅？且甚忌聖人之功，百計思害之，而卒不能害，反受聖人之辱慢者多也。豈非天主常制其行，而不許其任意害人乎？但宜禁而不盡禁者，正許之以恩善罰惡，如上所云也。是則魔鬼所行之事，皆天主所許，而惡人爲其所害，皆自己所招焉。

天主許鬼神在世，至審判末日而止。因斯時善者俱升天，與天神爲侶；惡者俱墮地，與魔鬼爲伴。世上無人類矣。天神不必降世，魔鬼亦不許在世也。

天神在天，各有本位。雖降在世，亦常現天主光榮，其樂不能微減，如王者暫離御座，何嘗降其尊乎？魔鬼在獄各有本苦，雖在人世，常帶其苦。因其本苦本分之苦，合於本體。如人身發熱，房中房外有異耶？

天神魔鬼似能知未來之事，但未來之事有不同。有所以然的，到將來不得不然。如日週行本度，至某年遇月，其度則蝕；月至望適地毬在中遮日，光不得照月則蝕。月本無光，借日爲光。或某年有大旱，某日有大雨。此等度數先兆，在人亦能知之，何況神鬼？但在人則爲推知，在神鬼則爲直知也。乃有所以然之中，少有此固然。如天主欲降異災以罰某處，爲世所罕見者。有此固然，本無所以然，祗出於偶然。在人見爲偶然，其實出于天主之意。此天主之意，即爲其本所以然。如人忽爲雷擊虎噬者，又有固然，止存於所以然之意。如人明愛二司，思之欲之，善惡尚未顯露。凡此三者，神鬼本不能知，即有知者，亦由天主默示也。然又有固然之效，或有時然，或有時不然。如人之內臟疲者，本無生理，但賴主能可生。故世多強者夭，弱者壽。此等無定之數，彼亦多不能逆料。間亦有測度得着者，因常理大槩如此。緣此而測，十得一二。原非其直知之實。是則未來之事，天神魔鬼有所得知，亦有所不得知也。

人心所思之事，神鬼亦有知之，亦有不知之。蓋人外情所發，即知其內意所向，如人顏色忽變青者，遂識其心有所驚恐；忽變紅者，遂識其心有所忿怒，或有羞恥。凡情類然，在人亦可推測，彼神鬼則直知之矣。若夫所思所欲，止屬明愛二司之內，未有微迹見之於形，彼斷不能知也。夫人明愛二司，原屬於天主。惟天主知之，能動其意，默照乎微密之萬理等。故人心之所思向，雖爲隱微，而於天主則莫不顯，莫不現也。嗚呼！人可不慎其思，而懼主鑒哉！

天神魔鬼，自無形質，有時借形顯現者，由天主命其顯示於世。或播令，或誘人。故暫借形聲，令人得以聽覩。不然以人有形之耳目，何由聽覩無形之體乎？論鬼神自無耳目，亦能聽視有形之物，所借形軀，原非爲己需用，且止是借氣而凝成之。乍現乍散，絕不如人之質體。又神鬼所現之像，亦有不同。魔鬼咸爲震惑惡人，則多現醜行怪狀。亦有時粧作美麗之形，然較少。天神俱爲祐慰善人，則常現俊容美姿也。

天神魔鬼，斷不能行聖蹟。蓋行聖蹟，乃靈變不測之能，約有三端。一是使物超出本界，而反其常。如太陽逆行，海中分路。此形體透卻彼形體而無碍等。一是使物於既壞之後，而復其舊。如令死者復活，瞽者復明等。一是使物得補其缺，功成倏忽之間。如不用藥石，不待片時，令病者即痊等。凡此異蹟，具有全能之權者能之。下此神人，囿於本性之界，俱無此等。聖教中亦多聖人，能行聖蹟者，必由天主所行。或欲明證聖教之實，或爲此聖人之功，以現其德，實非聖人本能也。若神鬼有時顯其異能，因其性原高於人，其能亦大於人，以其本性行其本能，在人駭以爲聖蹟，而實非聖蹟也。然魔鬼所行，或佑或害，或命或許，皆係天主。否則不能動一草一木之微，以害人也。此又不可不辯。

世人常向佛老神仙等，祈雨痊病，或有應驗，遂云魔鬼能行聖蹟。不知人向邪神祈禱，祈禱邪神，犯苐一誡，見後。百事中僅有一如意。此一如意，亦非魔鬼之驗，罔非天主之恩。蓋天主保治人物，有特治有公治。公治者，定凡所以然之性之能之行，恒司佑其性，使之常能常行，如日常光，火常熱，萬物常育等。無論善惡咸受其恩，故云公也。特治者，或爲賞善，或爲罰惡，則不隨物性常行之本情，出人意表之外，而特顯其統治之權，如所云聖蹟是也。故論雨澤，原因地之濕氣上昇，遇日之熱氣作雲，雲厚雨降，無非造物主公治之恩。世人不知，妄爲祈禱，稱龍能行雨，歸諸邪神之功，已大謬矣。況求之而適應者，乃天將雨，必有先驗魔鬼知之，遂誘人祈求，使功歸己，令人益信而從焉。至求痊病而亦有應，亦是人病將瘳，適遇其會，因中魔計。然應者，其偶；不應者，其常。人每不疑其常不應，而但信其偶一應，而且稱之爲聖蹟，亦見其愚已。

聖教所稱天神魔鬼，既爲天主所生，無形無聲，非氣非理，非儒所謂體物而不可遺，又非人死後靈魂所變易。如上所論，其性其能其行是矣。若中邦所稱鬼神，吾惑焉。謂衆生必死，死必歸土，此之謂鬼。骨肉斃於下陰爲野土，其氣發揚於上爲明昭。焄蒿悽慘，此百物之精也，神之著也。果爾，則以氣爲神，魄爲鬼。鬼神乃係人死變易而成矣。孰知人自人，神鬼自神鬼。惟人之善者，死後靈魂升天，與天神爲伍，同神之樂。非即爲神人之惡者，死後靈魂墮地，與魔鬼爲伴，同鬼之苦，非即爲鬼。又謂以二氣言，陰之靈爲鬼，陽之靈爲神。以一氣言，則方伸之氣，亦有伸有屈。其方伸者，神之神。其既伸者，神之鬼。既屈之氣，亦有屈有伸。其既屈者，鬼之鬼。其來格者，鬼之神。果爾，則鬼神止是一物，分之爲二氣，合之爲一氣，亦不過太極理氣之變名，爲渾淪無着者。孰知鬼是鬼，神是神。天神一定於善，永不能變惡，故永不能變爲魔鬼。魔鬼一定於惡，永不能變善，故永不能變爲天神。豈曰鬼中有神，神中有鬼，將鬼而神，神而鬼，互相轉移也耶！況以氣魄之説，合之陰陽之説，又似有兩般鬼神，吾愈不知所解矣。

聖教明徵卷之二終

聖教明徵第三卷目録

聖教明徵第三卷目録

辯輪迴第八章

第四卷目録

〔一〕 底本爲『誡』，今改。

禍福由來有三原
星家成法欺人
徵卜卦求籤等不宜信
徵妖術不宜信
聖教不可一端不信
不可阿順人意
不可羞恥畏懼
釋背望
釋背愛
獲一大罪即是背愛
釋背敬
祭祀惟天主宜行有二徵
釋祭禮至重不可殺向于他位
首誡聖蹟

聖教明徵卷四目録終

聖教明徵卷之三

泰西傳教聖多明我會士萬濟國著

靈魂第七章

天主造成萬有形之物，無非爲人所需用。而其生人獨爲向真向善，遵循主命，身後能享永福者也。故萬有形物之性，皆卑且賤，而人之性特高且貴。蓋人不獨有肉身，而又有靈魂，二者結合成人，但此二者，判然遠甚如光與暗，白與黑然。身情不大遠乎禽獸，靈性最相肖于天神。天主生人肉身，爲靈魂之役；生人靈魂，爲肉身之主。人當以主制役，治其形慾，導引正路，以成善功。如乘馬者之鞭策勒啣，使就閑焉可也。奈何人反騁肉身之所馳，以役治主，靈魂難馭其力，爲惡者多，爲善者少。其負大主生人之意何甚歟！

何徵人有靈魂？夫人有靈魂，其據甚多，姑舉二端以徵其實。一、凡見固然，可知其本有所以然。如見烟推火，舍火無他所以然矣。今夫人推測如此其工也，辨別如此其詳也，好善惡惡如此其同也，此豈形體能之乎？使果形體能之也，何以禽獸亦有形體，斷不如人？可知凡獨有形體之性，其用僅能及於形體而止。如火僅能灼形物，目僅能見形色，禽獸諸類僅能覺形體事。若人良能，每由有形以及於無形，由有聲以及於無聲。此其所以然，必屬于靈魂矣。蓋靈魂之能有明悟向真，能剖析真僞，以去疑求明。又有愛欲向善，能操持取舍，以趨善避惡，是惟有靈魂之體，所以有明愛之能。有明愛之能，所以有向真向善之用。若明愛二能屬於形軀，則禽獸有形軀，亦宜有之。然禽獸既無此能，僅有其形。可見此能不屬於形軀，必屬於靈體明矣。乃謂人有靈魂而與物類同情者，不亦昧於所以然之本乎？二、天主初成物性，即賦以各物本向，使之各自欲保存其體。故無一物自欲其體之滅。若物之滅者，原非出於本意，必有尅物之能，強之使然。乃人有時爲德義，爲忠孝，甘受窘難而死。死非自殺。自殺有罪，詳見五誡。夫人寧獨無欲生惡死之情歟！何以生有所不趨，而死有所不避？可知欲生惡死者，形軀之情；舍生就義者，靈性之能。狥乎形軀,即同乎禽獸;循乎靈性,即等乎聖賢。然則人之所以異於禽獸,而可以希聖希賢者,謂此非靈魂之用,而有以制形軀惡死之欲哉!

統言魂,西音謂之亞尼瑪,譯言生活之本也。凡天下生命之體,皆有魂爲其内模,使之生活而運動。析言魂有三等焉。下等謂之生魂,草木有之,使能生長。至其本界,發生於本時,傳繼其本類。或舍其生能於種,或藏其生能於根。中等謂之覺魂。禽獸鱗介昆蟲有之,使之能生長傳類。覺魂包有生能。又能使之觸覺物情,備有覺官之用。如目得視,耳得聞等。復能運動,而知趨利避害之情。然其能亦止於此。上等謂之靈魂,惟人有焉。統有生覺之能,超乎形物之上,使能推悟事理,分別是非,且有自主之權。欲避則避,欲趨則趨。故人原統萬類之情,以其形質之有,通於有形無魂之天地四元行;以其生長之工,通於有生無覺之草木;以其觸覺之用,通於有覺無靈之禽獸;以其靈性之體,通於純靈無形之天神。所以西音嘗曰:人爲小寰宇。正謂此也。

魂乃爲活物體模。各物之體模,獨一無二,因其體模即定物性於其本類。生魂止爲草木本模;覺魂止爲禽獸本模;靈魂特爲人之本模。禽獸無二魂,人無三魂也。若有三魂,即有三模。有三模,即有三體。豈理也哉?蓋人在母胎受活之始,即有生魂，發於其胚質。及將成百肢之勢，生魂行工已畢。遂有覺魂，發於其生魂之質，而生魂即散。至百肢已成，内外體已分，覺魂之行工又畢。造物主遂於其中，造成一靈魂賦之，而覺魂即散。然人雖無生覺二魂，自有生覺二能，統於靈魂之内，以能生活動覺。如黄金雖無銅銀之體，自統銅銀之價。但此能非生覺魂之能，實爲靈魂之能也。人之靈魂，本不藉物而成，非形非氣，非父母之所傳生，非天主之所分體，乃天主造成賦之，爲人身之内體模。故全在徧身，亦全在各肢，不依賴形軀，其體自立，純神而不滅者也。

何徵靈魂非形？凡有形質之物，其用有限，而不能過於本界。形目在視色，苟色極炫，即勝目力，如仰日光昏厥明矣。形耳用在聞聲，苟聲過大，即傷耳官，如聞雷震亂厥聰矣。何者？耳目之用本有限也。諸有形之用類然。惟靈魂之能，其本向在通達事理，至於無數。因明司多知，而能知多事。故通達彌深，向真彌進，明悟彌得其本量。是其用繁多，即知其體非形，超乎形〔一〕質之外，而獨爲神體者也。

何徵靈魂非氣？氣屬形，靈魂屬神。神與形相去遠甚。如以氣爲靈魂，將謂元

〔一〕 底本爲「刑」，今改。

氣乎？抑謂精氣乎？若元氣乃四元行之一，僅能充滿其本域。凡宇内雜形體之物，皆得其情，而人亦得其情，以爲保存其身之一具。但人身或呼或吸，而所出之氣，非所入之氣。苟靈魂即爲此氣，則氣有出入之變易，而靈魂亦將有出入之變易耶！若謂精氣爲靈魂，何往往見人有精氣强壯者，其明悟反鈍？有精氣衰弱者，其明悟愈利？可知明悟屬靈魂之能，非精氣之能也。夫明悟之利鈍，既無關於精氣之强弱，則靈魂之有無，又何關於精氣之存散耶？

何徵靈魂非父母所傳生？靈魂既爲純靈無形之體，即知不從父母傳生來矣。夫謂父母能生靈魂，或靈魂包於父母精血之中，而後分於其子耶？抑父母精血自發生子之靈魂耶？兩者俱不能爲。蓋可分之體皆爲有形質者。靈魂既無形質，自不屬於受分。且各人各有一靈魂，純神自立，必不能一分在父母精血中，又一分傳及其子耶。至精血亦不能發生靈魂。蓋物之能原不越於其本體。其體爲形質者，其能自不及於無形之本體。父母精血有形者也，安能生無形之靈魂？故止能辨其形質，以受靈魂爲模已耳。

何徵靈魂非天主所分體？天主之體純神至靈，原自不分。其造成物類，各有本體，故萬物同原而不同體。倘人類靈魂分於天主本體而成，天主本體無形，不可作形體看。即言靈魂本體亦如是。則人不幾與天主同體乎？倘與天主同體，即爲天主，宜與天主同能同知同善矣。何以天主爲全能，人則有能有不能？天主爲全知，人則有知有不知？天主爲全善，人則有善有不善乎？是則人之靈魂，謂其造自天主則可；謂其分自天主則不可。天主賦人靈體，謂其由無而造有則可；謂其由己以分有則不可。

何徵靈魂獨爲天主所造成，而賦於人？凡受造之物，其本能有限，止能生有形之物，不能生無形之物。因其需用先料，止能生於有之有，而不能生有於無。生有於無者，獨全能之工，因不需用先料。靈魂既是無形，必出於無。謂非全能天主造成以賦之乎？造成之工屬天主，詳見前解。

天主造成靈魂，又非一時俱造於先，後分以賦之也。人以質模二者，結合而成。質是肉身，模是靈魂。靈魂原爲人形質之內模，則有是質，始有是模。無是質，即無是模。故必因人隨生肉身，隨造靈魂，以賦之也。夫靈魂以合身爲其本分。形身既無一時俱生，靈魂斷無一時俱造者矣。靈魂賦於生覺魂，行工已畢之後，上已詳言。但男子在胎四十日，其身已全，天主即賦其靈魂。若女子至八十日，其身乃全，天主始賦其靈魂。因父母精血衰弱，故生女。胎必久而成身，必成身而靈魂始賦也。凡孩童始生有靈魂，而不遽能推悟明理者，因靈魂在人世合身，必需五官收物像，以爲明悟之具。但孩童初生，形軀之五官未健〔一〕，覺司之收像未周，無從推知。譬如匠人藉器具以製造，若器具頑鈍，何處着巧？又如火能透照，引光無隙，曷能透乎？故人之靈魂雖能推知，其初如素簡未書，必俟其具漸備，路漸開，而知漸通也。安在初生而遽能然耶！

何徵靈魂爲人身體模？凡物之體模，即是定物性於其本類，而別之於他類，使之能成本性之行。蓋人之形質，固異於禽獸，而生長觸覺之諸情，不無相通。苟不別之於其體模，不幾與禽獸異乎？惟有靈魂特爲人身體模，故能推事悟理，而別於獨有覺性之類。是則人之體模既尊，而人之形質亦非卑。可不思所以踐形盡性，顧甘自輕其形軀，因以自暴其靈性乎哉？

何徵靈魂全在徧身，亦全在各肢？靈魂爲人身體模者，宜全在徧身，爲無形不分者，又宜全在各肢。何則？一身之耳目手足等，有其視聽持行諸用，其靈魂爲之原。由内模，始能各有其用。倘一身無靈魂，便不成人一身。一肢無靈魂，便不成人一肢。謂非全在徧身乎？至靈魂在徧身之各肢，又只分於其德，非分於其體。因

〔一〕　底本爲『犍』。

外模有形，有各肢之分。故身去其一肢，即不得爲全身。内模無形，無各肢之分。雖身缺其一肢，仍無失爲全靈，並無失爲全人。惟靈魂之德，因形軀之各司各職，以現其各用。如在耳，而聽之德現；在目，而視之德現；在手足，而持行之德現。凡肢類然。且各肢各得其靈魂之一德，以成其本用。如耳只能聽而不能視，目止能視而不能聽，手足止能持行而不能視聽。凡肢又類然。正不得以德之所現，非靈魂之所在。尤不得以德之所在，而非靈魂之所分。故其全德不全在各肢，而其全體則全在各肢也。譬如日全照徧世，亦全照各處，而非分其體以照。此可畧得其形似矣。

何徵靈魂不依賴形軀，而爲自立之體？蓋賴形而非自立者，必不能自行。靈魂雖在形身，而明愛二司，其意必動於先，五官咸爲聽命。此非自行者乎？自行則自立，且賴形而非自立者，必不能超形。靈魂雖在形身，而能分別諸物之異形，亦能通達事理之無形，更身所未至而知恒克至焉。此非超形者乎？超形則自立。況依賴之物，以體爲托，體壞而所依賴者亦壞。如黑與白依形體，形體壞而黑白無存。靈魂無形，非形質所發，自不隨形質俱亡。此非永存者乎？永存則自立。故論靈魂之原，造成保存，實係於天主。論靈魂之體，自立不賴於形身。至成人本分，形身依靈魂以得立，靈魂不依形身以得立也。

何徵靈魂永存不滅？其説有六端。一、凡能滅之物，其由出於有相悖之勢，相剋之情。若無此悖剋之情，即有形如天與日月星辰純形，不雜悖剋之情，亦常存不滅。何況靈魂，爲純神無形之體，超越諸有形之上，謂有能滅而不永存者乎？且靈魂爲純一之體，無相剋之原。即明悟能知形物相背之情，如分別冷熱白黑等。而在明悟自無二知之相背，則何至相反而滅也。

二、凡物之體模，其能滅之由，或受他物之勝，因有相反之情，如水滅火者。或爲所藉之形質壞，如火依薪，薪盡火即滅者是。或爲體模之所以然不在，因不能常存，如空中光散，由日照之所以然不在者是。乃靈魂超諸形物，無形可勝以滅之。且其自立之體爲天主造成而賦，而非發於形質。故人雖死，其靈魂不滅。不似生覺魂，止發諸形質。形質一死，即與之俱散也。至問靈魂所以然，乃係於天主。天主既永在無終，則靈魂受存其有於天主者，亦永在不滅明矣。

三、凡物之本向者，皆由物性。欲得其實，不屬於虛，如火炎上，水流下等。其性已遂，其向亦實。人之本向，即願常存其有，以得享永生。而在今世，皆不能足其願。願未足，本向即未實矣。本向未實，倘靈魂能滅，則天主賦物以各足之向，而獨賦人以空虛之願，理乎？是知願不屬虛，靈魂必不受滅矣。

四、凡人本性，見猛獸則恐，見親人則歡，及見死獸反樂觀，見死人反恐懼。此何以故？必由靈明原自不滅。爲猛獸既死，其魂已滅，無足恐也。親人雖死，靈魂實存，有可懼也。靈魂不滅，此亦可驗。

五、思賞罰之公義，愈知靈魂之不滅。蓋人之善惡，必有以分處之，始協人心，始顯公義。苟靈魂隨形身以滅，則爲善之人，在世或受困厄，死焉而靈魂亦滅；爲惡之人，在世或享康樂，死焉而靈魂亦滅。天主之公義，寧若是乎？

六、即人所公用之語，亦可驗靈魂之不滅。如云生寄死歸。見人之死，則曰某去矣。若人之靈魂既隨身死而滅，則肉身既入棺埋土矣。孰歸而孰去乎？苟肉身之死，可以云歸且去，何以禽獸亦有死，人獨不曰某獸歸，某獸去耶？可知獸死魂滅，人死魂存。曰歸曰去，無非本性真言，可爲靈魂不滅証也。

靈魂既不滅矣，尤當徵天主所以不滅之之故。天主之能，無所不周，能從全無造萬有，亦能歸萬有於全無。然既能從無而可使之有，亦能從有而不使之復無。蓋天主造物之始，即賦其物性之所當然，皆一定莫易。如火欲其能煖，即定其性爲熱，而永不變冷。雪欲其能寒，即定其性爲冷，而永不變熱。人靈欲其不滅，即定其體爲純神自立，不靠於形質，不雜於異體。使之常存不滅，不反初造之意，以變易其本然。苟天主欲滅人性,必其賦畀之初,原爲能滅之性,亦與草木禽獸之生同一例矣。是豈天主生人之意歟?故天主能滅靈魂,而必不滅之,使之常存其有,得受善惡之賞罰也。

辯輪迴第八章

輪迴之説,由泰西一古賢名閉他臥辣者,憐俗頑殘,難以諭勸,因設喻立教以禁止之。使愚者知所警醒,不敢爲惡。故云淫亂者,死後爲狗豕;凶猛者爲虎狼;巧媚者爲狐狸。皆依其本情之惡,而轉爲同情之獸。種種設喻,各有取義。及閉他臥辣亡,其徒悮認爲真,遂禁殺生,恐父母親屬輪於其中。斯言流傳小西洋天竺國,而釋氏遂影響以爲報應善惡之據。其無稽背理,可以欺愚夫愚婦,諒不可以罔明理君子。余姑述數端以杜其謬。

一、天主所造之物,皆有本體。本體各成於其本模,以本模定物性於其本類,以别乎他物。所以各物各有本模,不與他物同體。彼覺性類止有覺模,以成覺性體。靈性類獨有靈模,以成靈性體。則人不得爲禽獸,禽獸亦不得爲人明甚。倘以人轉爲禽獸，將禽獸亦有靈模矣。既有靈模，則靈也，非蠢也。禽獸也，實人也。何以天下惟言物蠢人靈乎？如曰以靈模混於蠢模，其靈斯隱。此又不然。夫物成乎蠢，人成乎靈。靈蠢之相去不啻明與暗，冷與熱。無熱始可謂冷，無明始可謂暗，無靈始可謂蠢。安有靈蠢二模，相混爲一性類？夫造物主因物定性之工能耶。況不獨人與禽獸不同模，即禽獸異類，亦是不同模。如有犬模必有吠情；有馬模必有嘶情。凡禽獸類是。設謂犬馬之模，亦可相輪，將犬何以不嘶，馬何以不吠？是犬不嘶者，知其無馬本情；馬不吠者，知其無犬本情。而獸與獸相輪之説，且不可信矣。夫人之内情，乃推思義理；外情乃喜笑哀哭。此兩情實由於靈模。若禽獸係人所輪，則既有人之模，亦必有人之性與情。何從來未見禽獸有推思喜笑哀哭兩情哉？可知一物止有一模，一模方成一物。一禽獸之模，不可輪爲他類。人靈模安可輪爲禽獸之諸類耶？

二、天主造成之序，有天地，然後有萬物。有萬物然後有人。是生人時，物類已備矣。因人爲物之君，物爲人之用。此理人所通明也。苟必待人之靈魂，互相輪迴，則生人之初，禽獸昆蟲之魂是誰魂乎？是豈厥初物有物之性，人有人之性。及後物亦可以爲人，人亦可以爲物。人物一定之性，因前後而變易耶？然何以今日之物類無異於初，今日之人類亦無異於初。則同此人，即同爲人之性體；同此物，即同爲物之性體。又何靈蠢之得以互轉也哉？

三、輪廻之説將以罰惡而禁罪也。罰惡，在於加痛苦；禁罪，在於警後犯。如惡人必轉爲禽獸，則禽獸比人猶樂，是可謂以樂賞惡矣。且禽獸在世無罪，後又可轉爲人，人亦何憚而不爲惡耶？即云在世貪淫者，後轉爲狗豕；好殺者，後轉爲虎狼。夫爲人時，猶知羞恥畏懼，而不得恣意自如。至於虎狼狗豕，無禮義之可羞，無法律之可畏，污穢噬虐，可任情而快愉。殆以惡人之所樂罰惡人之本惡，何異於止其沸，而揚其湯耶？況有靈覺前此痛罰之情，庶幾可轉惡爲善也。至轉爲禽獸而成蠢物，不復記憶受刑之事矣。其中亦有人輪爲人。何從來至今，亦未見一人能知輪廻之時所受何苦，所受何罰。是豈不欲其知，而使之善惡復自轉移耶？噫！是以輪廻爲兒戲，任人善而惡，惡而善，善惡相輪，無有止極。所謂公義賞罰，當如是歟？

四、人靈魂不特與禽獸不相輪廻，即人與人亦不相輪廻。蓋造物主於人之肉身，既成隨造而賦之靈魂，固各人各有一靈模。彼不可爲此，此不可爲彼也。夫厥初人類由始祖漸延，必曰輪廻，則豈生人之初，預限于靈魂，而漸次相輪耶？果爾，則人類當有定數，後將不得增益矣。若世久人多，爲惡又多，輪爲禽獸，而人類且日漸減矣。乃人類由少而繁，愈延愈繁，又何以説耶？

或謂人之靈魂，固無輪廻之理矣。但不知靈魂，亦能來饗供奉者之物否？此又有説。蓋人世止有善惡兩等。善者亡，則受其善之報，升天堂享永福，自足以滿其願，更無他福可願。區區人世之味，又安有欲饗者耶？惡者則受其惡之報，墜地獄受永苦。天主禁錮甚嚴，魔鬼阻抑亦密，卻尋何路，得來享世物之奉乎？譬有兩人於此。一得王寵，常在其側，享君之食。一得王譴，禁之囹圄，不許漏網。縱有親人陳設盛筵，欲攀此兩人與宴，必不可得。一則不欲來，一則不能來。我筵徒虛設也。彼供奉已死之靈魂，何以異是？且世味以養形軀，形軀始需形物。靈魂既離身，則無形軀可養，又無嗜飲食之具，無論不來饗也。即來饗亦何益乎？或據聖教有云：某聖人在天堂，某惡人在地獄。有時現於某人。遂謂死者俱復來世。此尤不知其解也。論離身靈魂，其體純神，其行迅速，其所欲至之處，雖距萬里，亦可瞬息以至。現而在世，亦有何難？但有任神可至之理，而無任意來格之事。以善惡各受有賞罰一定之永所也。至聖教所云某聖人之現者，有時上主欲顯奇蹟，以揚某聖人之功，或命天神，代某聖人借氣結成其形，傳主令以示人。又有某惡人現於世者，槩屬邪魔假借其形，罔惑世人。或係上主，命之出現，以警人罪，以堅人心。此皆足使人實信有身後賞罰。如此乃爲實有之事。豈是凡人靈魂，可以任意而來往也哉！

所最不經者，焚紙化帛，爲死者之用。蓋人世所需金帛，皆爲衣食。苟弗衣食，將安用之？靈魂無形，將何體着衣？何口着食？且無田產畜穀等類。又何用錢買何物？此不可解一也。上主至公，人死後，善上躋，惡下墜，再無倖得倖免之賞罰。又何處用些錢帛，爲賄賂彌縫計？此不可解二也。大凡能變之物，先見是此物，及後又見其變爲他物。紙錢未焚之先，見爲紙。既焚之後，止見爲灰，不見爲銀。何説自能變銀？或云自人見之爲灰，自神見之爲銀。夫神目愈睫至真，人始不得欺，乃謂其以灰爲銀，愚孰甚焉！倘必不然，止出於世人妄舉假銀子，尚不可欺世人，真紙灰豈可以欺神明哉？此不可解三也。人能用是而反思之，亦可以翻然改矣。

聖教明徵卷之三終

聖教明徵卷之四

泰西傳教聖多明我會士萬濟國著

十誡次序第九章

人受造成之恩，宜向真主。向真主在於成善功，成善功在於合主旨。主旨爲至聖之旨，實善德正規。遵之則正，爲善無難；背之則邪，爲惡自易。要本乎人之所能知能行者而已。蓋人靈魂，有明愛兩司。明司人之內目，如師能分别善惡之真僞；愛司人之内主，如君能操持人意，以趨所欲，而避所惡。凡人邪正之行啓於明司之真僞，成於愛司之善惡。故司愛無光，不能知所選擇，必俟明司分别其理，後始用其選擇之權。格物家有言：先非其所知者，即非其所欲是也。明司自不能行以成善惡之工，即以其所分別者呈之愛司，以任其專意而行。則人既有此二司，以爲知行之用，自可以合主旨。因向真主而成善功，以無負天主生人之本意矣。

主旨維何？十誡者是。天主厥初生人，原畀以良知之光，銘刻其心。故循其本性，無不知萬有之上，有一主宰，並己所不欲之事，不可施於人。愛主愛人二者即是十誡之理，詳解見後論。自初生人類至三千餘年之久，人所行善功，皆依良知之光。此謂之性教，使人槩依本性而行。則本性之理常刻在心，祇一性教足矣。似不必再爲諄示矣。然三千餘年後，世人因私慾，世俗漸至積惡增慾，良光已迷，本善已喪，而性教之理將亡。天主憫人本性之理不可不知，爰降二碑於西納山巔。一刻愛主三誡，一刻愛人七誡。諭大聖人美瑟宣播於世。令人知所遵守，以復其本性之善。此謂之書教。夫至於書教，亦不啻耳提面命矣。人亦當佩之勿忘矣。及美瑟後踰一千六百餘年，人又昏迷，而十誡之理又晦。天主憫人十誡之不可終昧也，躬自降生，立訓示表，而教誡之理，剖析彰明。此謂之寵教。噫！主之愛我訓我至且盡矣。要之性教者，銘十誡於性靈，其理初明。書教者，顯十誡於垂象，其理漸明。寵教者，詳十誡於親傳，其理極明。人可不共明而長明之哉！十誡謂何？一、欽崇一天主萬物之上；二、毋呼天主名而設發虛誓；三、守瞻禮之日；四、孝敬父母；五、毋殺人；六、毋行邪淫；七、毋偷盜；八、毋妄證；九、毋願他人妻；十、毋貪他人財物。十誡總歸二者：愛慕天主萬有之上，與夫愛人如己。此在昔天主降諭，令普世人遵守。順者升天堂受福，逆者墜地獄加刑。

十誡所列之序，俱有取義。天主欲人改惡遷善，因立十誡以治其心。先列三誡，令人得明愛主之義。次列七誡，令人易行愛人之情。如國君立法治國，總歸二者。上爲君王，下爲臣庶也。論人世尊君之序，其最嚴者，即是臣下無懷貳心，而獨尊共主。若叛逆弗事者，罪也。其次必語言避諱，無敢輕褻尊名。彼出言以觸犯尊威者，罪也。其次即是朝拜之禮，依常儀以報君恩。倘抗頑不朝、違期隕越者，罪也。事君猶然，何況天主爲萬王之王者，而可不盡尊主至要之理哉？夫尊主之理，在先知所欽崇。而欽崇之理，又在於專得所向。天主尊越乎萬有之上，即不得有分其欽崇以並其尊。所以一誡曰欽崇一天主萬物之上。犯此誡者，罪莫大焉。次在語言敬慎，不宜輕褻天主之聖名。所以二誡曰毋呼天主名而設發虛誓。罪亦莫大於犯此誡。次在遵守禮儀，循莫易之規，以報答主恩。所以三誡曰守瞻禮之日。罪又莫大於犯此誡。愛主三誡之序，厥義總歸於此。

愛人之序，在於先愛恩我者天主，而下恩莫大於生我之父母。而治我之君王，教我之師長，亦如之。故此三者最爲當孝當敬。倘不孝敬焉，獲罪於人，亦莫大於是。所以四誡統之曰孝敬父母。次在思言行不欲害人。行害爲重，言害次之，思害又次之。故十誡先禁行害，次禁言思之害。行害莫大於傷人生命，所以五誡曰毋殺人，亦莫大於瀆人倫常，所以六誡曰毋行邪淫。又莫大於損人財物，所以七誡曰毋偷盜。此三誡皆禁行害。言害亦宜禁。所以八誡曰毋妄証。思害又宜禁，所以九誡曰毋願他人妻。十誡曰毋貪他人財物。愛人七誡之序，其義總歸於此。

十誡獨於財色兩端，禁其行，尤禁其思者有故。凡十誡思與行俱禁，但他誡之思，非止爲思，必是廹欲行。不欲行則思似無着。故禁其行，即是禁其思。不必另立他誡以禁之。獨財色二者，於人最爲難制。每易動念，即至樂想留懷，而不能置。雖未定行之意，但一思之則如已行。故于六誡七誡之外，又復切禁之。財非惟不當盜，而亦不當貪。色非惟不當行，而亦不當願也。嗚呼！財色之害人不少矣。奈何人竟爲其所害哉！或疑十誡僅有愛主愛人之命，而似缺愛己。不知人心昏迷，愛情誤施，正以其僅知有己，而不知乎所造己之主，并不知乎所同己之人。故天主降諭十誡，令人愛主愛人，所以啓其蒙、牖其衷也。至愛己之情，人本弗昧，止患太過。不患不及，又何用申命？況愛己之道，莫切於行善修身，使得身後之榮福。而善道之成，莫外於愛主愛人，以復性本之真理。故愛己之命，在愛主愛人之内，不必復立愛己一誡者，以愛主愛人，正善愛己也。

首誡第十章

欽崇實義，當内盡誠，而外盡敬。蓋成善之原，由於全其愛司之善，而愛司之善，成於信望愛超性三德，爲欽崇之内理，獨認天主而向之。又由其内誠以顯其外敬之禮。故首誡所命，而爲欽崇之實義者，即此篤信堅望切愛，欽敬天主爲萬物之上是也。

何謂篤信天主？天主誠實至極，毫無虚誕欺人，人當決意信伏聖教所宜信諸端。蓋爲天主所示之事，不啻吾人所親見。人所親見，尚多差錯，而主旨所宜，絕無虚僞。人惟以信德欽主，認之爲萬實之宗，諸真之源，及爲全知全善之共主是也。

何謂堅望天主？天主爲全能之主，自無福弗滿，亦爲至仁之主，嘗備永福賞人。人惟堅心望得天主所許之永福而已。然望非恃自己之德力也。一己之德力有限，不足以得永福，必以望德欽主，認以爲全力之歸，而諸罪可赦，亦爲全能之備，而永福可望是也。

何謂切愛天主？經云：全心、全靈、全意、全力。重其至聖之旨，過於生命財物聲名等事。因天主爲我萬民大父母，時刻加愛於人。人宜以愛還愛，將此愛德欽主。認之爲萬美之集，諸恩之本，無有及其純善之可愛是也。

何謂欽敬天主？天主至高無上，至尊無對，人當以外敬禮向主，而特欽之，認之爲宰制群倫，獨操保治統御之大權，極其體位之可敬是也。

信望愛敬固爲欽崇實義矣。然有所當行之事，即有所當禁之端。欲登至善，先絕爲善之阻。爲善之阻，莫有大於與善相背之情。故進善在於篤信堅望切愛欽敬，而阻善在於背信背望背愛背敬。蓋背其四德，即失其欽崇之義。此皆爲首誡所禁也。

何謂背信天主？聖教人當信伏，如佛老等類，非天地人物之主，上篇已詳，苟妄信之，固爲背信矣。至或信鴉鳴鵲噪犬啼爲有妖祥之兆，或信眼跳耳紅心焦爲有災異之讖，或信堪輿擇日幻夢相術爲有禍福之幾，或信算命求卜爲有吉凶之驗，或信異端妖術爲有神靈之奇，此皆背信之類，而爲首誡所禁。凡教中不特不宜見之於行，即心中稍介疑信，或心不信而妄稱述以惑他人，皆屬背信之罪也。

何徵鴉鳴鵲噪等無妖祥之兆？凡鳥獸所行之效，皆由於一定之性，不得不然。本非自有專意之識，然此物性之定原於天主造成之工。次則由於天之運動，及四元行之情。故禽鳥能覺有形之情變。天之風雨晴霧，空際之氣，先爲變易，或冷或熱，或燥或濕。彼鳥常飛於上，先受變之情於其身，不能不動覺而驚鳴。或發各異之聲，以顯其所受各異之氣。是禽鳥不過先得氣候之變易者。豈謂果有其鳴之先兆哉？如云鴉鳴兆災，聽其鳴亦不一家，其中災祥之獲不同。則獲災者固可云鴉鳴兆災，而獲祥者亦可云鴉鳴兆祥矣。鵲噪果能報喜，何以猶是聲也，共聽之中，不無遭厄，獨不可曰鵲報其憂耶？夜鳥聞者生悲，遂云兆死。夫此鳥原無好音，非有意而哀，聽者甚衆，間有死者，謂之兆死。若無死者，果何兆歟？惟鳥亦然，雖常鳴而常無客。人俱忽之，偶鳴而偶有客，即云斯聲之驗。夫常鳴無驗，何不徵其爲虛，一鳴偶驗遂妄信其爲實歟！惟犬亦然。内臟不得其安則啼，時發慘哭之聲以舒其痛，安有不祥之兆于此耶？嗚呼！物本無心，人多妄測，亦未得禍福之真源，故至愚若此哉？何徵眼跳耳紅心焦等無災異之識？人身有四元行雜情，往往有其情發之於外，故眼跳不過爲氣所侵，聚於眼窩，難以遽散，是以跳動弗止。耳紅則由火氣上躋於面，耳遂熱紅。凡暴怒或飲酒者皆能如此。心焦係土氣下流，包於厥心，故發愁鬱不寧之狀。凡此皆身情有其所以然之驗,實非災異兆也。即有適逢其會,若爲應驗,亦係偶然,未可以是爲憑矣。

何徵堪輿之説不宜信?堪輿家云:凡人富貴賢達禄壽等,皆由於吉地龍穴。若葬得地者,則子孫諸福可以預決。此中國最重之事,余明四端以徵其謬。

一、堪輿之説,昉於郭璞,前此無聞也。亦僅傳流中國,外國不知也。夫郭璞以前,幾數百代矣。賢哲顯榮之相承者,指不勝屈,亦不知此之福澤從何而來乎?且天下共爲五大洲之中,分爲千百國,中國不過千百之一耳。彼千百國之人,從古迄今,稱獲賢哲顯榮者,往往皆是,又何以故?是知堪輿之法,斷不能獲福。而世福亦何關於堪輿哉?

二、風水可以獲福,或由於形尸乎?抑由於土穴乎?若云由於形尸,形尸歸土,不百年先至朽腐,是枯骨尚不能自保,安能佑及子孫?况祖父在世時,雖極聰明才智者,欲盡力強謀,以福其子孫,反未必得,區區朽骸,又何從施佑歟?若云由於土穴,土爲塊然無靈之物,何能由某尸瘗於斯地,即施福於得地之家,而不混施他家耶?且四元行惟土最爲卑賤,人之所踏,獸之所踐,僅能生養五穀草木,以克人用。瘞之者縱得勝地,終不能保形尸於不朽,又何能庇蔭生人而俾之獲福哉?

三、盛衰之數，果關風水，凡得吉地者，盛宜俱盛，且必延祚於萬禩矣。不得吉地者，衰宜俱衰，亦必式微於永世矣。何以一家之中，有兄智而弟愚者，有弟壽而兄夭者？且有先富而後貧者，亦有先賤而後貴者？世代未遠而盛衰之變易無常，夫非同此龍穴吉地歟？何以子孫之夭壽貧富，槩無一定之數耶？

四、堪輿家一蕩子耳，生平寥落，滿腔賣福他人。彼果知有佳山勝地，可以佑子庇孫，何不自圖以葬乃親，而使富貴榮華盡出於其苗裔，胡爲吉地讓之他人，止得些酬工錢以自足耶？譬有人登山遇寶，已棄而弗拾，而願路人得之，是豈人之情哉？即中國先賢亦有詩笑堪輿云：風水先生慣說空，指南指北指西東，世間真有王侯地，何不先謀葬乃翁？噫！盡之矣。

或曰：聖教無葬死之說歟？不知聖教非禁人葬死也，亦非禁人擇地葬死也。古云：葬者，藏也。又云：無使土親膚，惟是擇高潔之地，備美其棺槨，壯麗其墳塋。人子之心，當如是盡耳。若謂龍穴沙水，爲有禍福之應，斯屬虛望無孝之實，則爲可禁矣。

何徵擇日無吉凶之實？術數家云：日時有吉有凶，皆緣於諸星照臨。某日時爲吉星所照者，即是吉日良時，諸凶皆避，諸福咸集，凡有所爲，宜謹擇乎此，始能致福，否則有灾。此謬雖由沿俗不返，亦由不知日月星辰之本能也。姑陳二端以明其安。

一、日月星辰，皆造物主所造，以恩世人，常以照臨爲職。以其照臨之德，照育下土，生養諸有形之物。其一定所以然之情所發，自有不得不然之效。無論擇日與不擇日者均受斯恩。至降福免禍，皆係大主之全能，實非日月星辰所致。蓋日月不過如寒暑雨旱霜雪雷電潮汐等，爲其效驗之固然。故浮雲由吸取地下濕氣，而日以熱情晒之，即散爲雨。潮水之或進或平或退，則依月之出沒。至諸星辰各有本度，亦各有本情，應於下土。若日經過某星纏度，隨帶某星本情，應於下土。其情乾燥，則下土多旱；其情濕潤，則下土多雨。熱則爲暑，冷則爲寒。星辰之能止此耳。即星數家求其能測某日之晴雨，而一一符合者，亦難槩見。夫雨暘旱澇，爲星辰之本效，尚不能測，何能測其所不能爲之事哉？

二、擇日驗者十無一二，而不驗者十居八九，豈非偶然之事哉？夫中國之人，或爲婚姻，或爲架造，或爲出行，無不謹占吉日良辰，則既無一人一事不擇日，亦宜無一人一事不獲吉。何見世人婚姻多有夭殤無育者，架造多有破敗被燼者，出行多有被劫病痛者。凡此不齊之遇，何日時宜驗，而俱不之驗也。且考同日之凡百作爲俱有，此或遭吉，彼亦遭凶者。時日之當謹，安可憑歟？況中國入聖教者不少，咸不擇日，其所遭之禍福，與擇日者亦無甚異，又何以故？可知人世苦樂，其權操自上主，原無關於受造之日月星辰也。至若農家依氣候以耕作，此爲乘時本務，非聖教所禁。倘亦以擇日爲有豐歉之驗，即屬悖謬，而非正道所宜也。

何徵睡夢屬幻而不宜信？凡徵應之事，不原於自然之實者，皆爲虛幻而不可信。欲明幻夢無吉凶之驗，當先明夢之説。蓋人飲食積於胃脘，胃乃消化之所。飲食既止，必俟片時始化。而當其未化時，飲食濁氣上升，阻塞知覺氣。及睡候良久，飲食濁氣稍化，覺氣少降週身，而涉記因動平時五官所收事物等像，而夢以起。當是時，五官斂職，明悟息工，人失自主之權，涉記亂動，事物形像，次序顛倒，義理舛謬，故人夢寐間，雖有相反之情，與不宜爲之事，亦略不駭爲過舉。然所動之形像，其故有二，一因外，一因內。因內有二端，一爲常思之本職，一爲秉質之本情。因外亦有二端，一或爲天神所示，一則爲魔鬼所誘也。

何謂常思之本職？人常思維本質之事，或慮及意外之虞是也。如農之常思在稼穡，商之常思在貿易，士之常思在讀書功名。其常思在此，其夢槩不出此。故士鮮見夢農業，農鮮見夢士業，商賈類然。是知常思之像，出於常務事物而生，像之真者也。夢中之像，又由常思之像而生，像之幻者也。常思爲夢之所以然，夢乃常思之固然。凡所以然所不能爲之事，其固然愈不能爲，如火所不能燃之物，而火之熱愈不能燃。世人雖常思本務，未云此念果有致吉凶之驗。夫常思既爲夢之所以然，而爲物像之真者，猶不能實致其吉凶，況夢祇爲常思之固然，而爲物像之幻者，何能致吉凶之驗哉？若有時似或驗者，亦千萬中之一，不得謂夢果有定矣。

何謂秉質之本情？人之秉質不無偏勝之情，而涉記所動之像，即與其本情相合是也。如人本質，水勝者白痰屬水情，其涉記所動槩爲冷濕像，夢或涉水，或陰雨等。火勝者黄液屬火情，其涉記所動槩爲忿怒像，夢或爭鬭或搆訟等。土勝者黑液屬土情，其涉記所動槩爲憂悶像，夢或接死人，或見邪魔，或遇虎狼等。氣勝者紅血屬氣情，其涉記所動槩爲歡喜像，夢或能騰飛，或能疾走等。故泰西醫士每問病者常有何夢，以察病原，因其夢即知其内四液何者爲更勝，以使調劑治疾。此則由其原以推其效。聖教亦不之禁。苟以夢爲兆未來之驗，斷屬有罪，而不可信也。

何謂天神所示？此係天主特恩，命天神於人寢寐之際，默示以未來之事。是夢固爲罕覯，不可遽信。若得實據果爲天神所示，信之無罪。聖教嘗云某聖人因夢預知未來之事，即此類是也。

何謂魔鬼所誘？魔鬼乘人夢寐之間，告人以所自知未來之事。其所告者在人爲未知，在魔鬼有已知之迹。邪魔所知所能詳見前。但其告之之意，無非煽惑人心，欲人信此，愈易誘以背正道。此夢斷不可信，因魔鬼爲我之仇。彼之所引，實皆有害故也。

何徵相術不堪信？相者云形貌生得如此，則有此福；生得如彼，則有彼厄。斯言明者自徵其妄不必贅陳，但問彼推測吉凶，以視本人形貌步位也。將造物主加福增禍之權，止因人外貌以爲衡乎？設有國君錫位分爵，不問其人之賢與不賢，祇問其貌之美與不美，天下誰不嗤其立法之弊？豈造物主全能妙工，猶予人以可嗤歟？或因古人形貌以槩後人也。吾未見從古及今，兩人之面像如一無少分別者，面像既難盡同，禍福何能一轍矣？夫人之五臟六腑，四體百肢，皆由父母內體所傳，而父母之智愚貧富壽夭等，自不能傳繼其子，何況古今人之相去，僅以容貌略似，而謂斯人之始終爲能一致也哉！

何徵算命不宜信？凡欲明未來之事，不自其本來之所以然者測之，則其推測俱屬虛妄。如水非烟之所以然，烟實非水之固然。而人反以烟測水，豈非大謬？日月星宿，本非禍福之由來，今以此斷未來之禍福，何異于以烟測水哉？蓋日月星宿，本有所司之職，以其照臨之德，保養天下萬有形體之物。故有所能爲之事，有所不能爲之事。所能爲之事者，皆有跡可憑，有效可徵。如天文家，由其度數以推日月之晦蝕，及雨旱霜雪諸先兆。於後有驗，於理無背。即如人之形軀，與禽獸草木，其本情所發，自有一定之情人之形軀雖與禽獸草木並有一定之情，而人實有靈魂自主。皆藉日月星辰照臨之德。所以精天文家，每將星宿以推人身本情，或屬寬柔，或屬剛猛，並智愚利鈍等情，亦或有略驗。凡此皆日月星宿所能爲之事。有其所以然，即有其固然之可測者也。若夫所不能爲之事，如人有形又有神，形則藉其照臨，而神則超諸形天之質，不受星宿之動變。非僅如禽獸草木，專藉其照臨，而本情所行，出於一定而不得不然者也。蓋人所行，皆屬於愛司自主。欲行即行，欲止即止。且有本情偏僻者，恒能克治變化之，如轉剛爲柔，轉鈍爲利等。則人無定之專能，豈日月星宿有一定之照臨者，所能強變之乎？凡此實日月星宿所不能爲之事。無其所以然，即無其固然之效之可測者也。是知人善惡之行，原不藉于星宿，則未來禍福，亦斷不屬於星宿，何得以是而妄測之耶？又凡人世所受吉凶禍福，或出於偶然，或因人善惡所招，無一非上主之意。夫主意深密，雖神鬼之靈，亦不能測，何況于人，而能推算而知其某有禍福，某有吉凶乎？譬之國君恩威未著，則受刑受賞者，其孰有能預知之耶？世人妄將日月星宿，以推其禍福吉凶，不亦虛幻靡據之甚哉？聖教禁之，正此謂也。

又中國星家，非真能精於星數也。不過以一二成法勦襲欺人，陰通一二密邇，述某某來歷，即敘其已往略驗，遂以爲神通。故多有未聞道之士，其先誤入於是，以爲營生計。後聞聖教，遂認明惑人之罪，而追悔前愆，自燼邪書，不暇以進聖教爲恐後。然則異端術士之違理，豈余固執一偏之談哉？

何徵卜卦求籤問筊等不宜信？凡求通於不可通知事，如推論性靈，與臆推人心之內情是也。望得於不可得之人，如問道於盲，求濟於貧是也。人向邪魔術士占卜求籤問筊，何以異是？夫吉凶否泰，權屬天主操持，苟天主爲顯其意，雖天神魔鬼，不可得而知之。況人性至劣，何能預占卜之乎？嘗見世人或占吉而得凶，或卜凶而得吉。十萬之中，鮮見一二有驗。即有時偶驗，亦適然之倖。如未習射者，終日彎弓射的，雖有中亦倖，豈其技能所致哉？況此偶驗者，原係邪魔所誘。蓋邪魔爲人本仇，常有百計以誘人心，俾人身後墮獄，共受永苦。人之信之，即漸爲他密侶矣。夫國君禁人勿與敵寇密邇，正屬愛人之命。魔鬼既爲首惡，又爲我仇，天主禁之，人勿親其設計之事，正愛人之至也。

何徵妖術不宜信？論魔鬼本能，自能設怪術以蔽人目，以惑人心。前篇詳言，其種種幻術，人見之宜加痛恨，萬不可信爲靈驗，而罹其網焉。

或謂聖教諸規，固宜誠信，但間有一二端不信，似亦無妨於信德。不知教中偏執意見，雖他端俱信，而只一端不信，信德亦全壞而無基矣。蓋聖教所當信諸端，皆靠天主之實爲據。教中所信，獨爲天主所言所示。故信德在于全信，不宜分，或有可信，或有不可信。因信德諸端，其據惟一。若信此不信彼，即是不信天主之實言。不信天主實言于一端，則無實據以信天主于他端。故曰有一不信，信德全壞。夫人以全信向主，猶慮吾信未堅，何可以一端不信，而失信德之全乎？又聖教當信之端，咸係天主親示，而傳於聖教會者，全實無僞，人當全信篤信，方見超性之信德。若隨己意，或信此不信彼，通者則信，不通者即不信，此其信非超信，止恃己明悟臆測，無實不確認天主爲全真者，安得謂之有信德哉？或有不出於矜智固執，但由於微理未明，認是爲非，多是錯誤。及一解其誤，即釋其疑，而全信之。此則不謂全失其信德者也。不然心中已明而猶然不信，此爲偏執之罪，是又加傲加妄，而異端則愈甚。

奉教人雖不信異端，但爲阿順人意，或人前慣口閒談，稱説此事有吉凶之兆等異端，亦屬以言背信之罪。蓋信德在於專意誠信，欽尊聖教至理，而不惑志於邪説。

凡奉教斷當如是。若有時見教外人言及異端邪說，則宜以剛毅濟之。是曰是，非曰非，不可以嫌疑所在，惟閒談無忌，曲狥人情也。雖其心不信，而所言非其內意，已不得辭其誑誕之罪。且人之聽之，止依予言爲足憑，不知我心爲不信，將群謂奉教者尚有斯言，安在異端之不可信？則彼之惑，未必非我引之也。瞽者陷於危阱，非引之者之過歟？如此何得無重罪？故奉教者，心雖不信，言亦難苟，必宜明證其謬，直剖其非。如引瞽者扶其危，持其顛，導之於正路。斯爲愛人之功矣。

奉教者，心中確信天主，但有所羞恥畏懼，不敢直認爲奉教人。此爲背認主之重罪。夫羞恥不欲自認者，必其所行果爲背理之事，始諱人知，恐揚其惡，而敗其名。至所行果爲善事，則無不可令人知之，愈揚則愈加榮。故奉聖教極爲善事，以對人言，何恥之有？恥之者是不自認聖教爲善，安得無罪？若有畏懼而不直認，試思天主乃人類之大君，亦人類之公父，萬民皆爲其臣子，臣不認君，子不認父，非罪之大者乎？故凡教中遇危難之時，或官司詰問，斷當直認，寧尸首可分，家產可棄，而主不可不認。此爲天主之忠臣孝子，功則最大矣。不然難逭叛逆之罪。若非官司所詰人，或漫然而問，我亦泛然而答，或答以他語，或云我之奉教與否，於爾何關，斯爲無罪。但亦不可云我非奉教人也。經典耶穌有言：凡人在今世，於人前不認我,我在天國於神前亦不認爾。故不認爲奉教者,即是不認主,所謂背主之罪。況我實奉教,因有所爲,而曰我非奉教,此言屬於妄誕,又犯第八誡之罪。

何謂背望?此分於二:一不望天主之仁慈,一自誇在己之功德。不望天主者,是既陷於罪,失望主恩,甘心沉淪,而不猛力立功,以痛悔求赦。或疑天主不允賜我聖寵,祐我立善,是謂天主爲非仁慈,罪屬至重。自誇己功者,是不孜孜行善,追咎前非,而妄擬升天或縱其情慾,而不思遷改;徒恃天主仁慈,有解罪得赦;或遲延悔改,優游歲月,故意待臨終,始求主祐;或自思一己善功,必能升天,無容禱主寵錫。此等皆屬背望之罪,而爲此誡所禁也。

何謂背愛?貪戀世俗財物,及名聲身樂等,過於愛慕天主。或溺俗情世務,久廢教中善功,而不懷憶主恩;或避人譏謗,不行身靈修功;或懷怨天主不公;或見教友遵規行善,反譏之爲迂拙。皆係背愛之罪,而爲此誡所禁也。

奉教人雖未犯首誡,倘犯別誡,獲一大罪,亦是背愛之罪。蓋十誡總爲天主所示,犯之者,無論首誡與他誡,咸爲背愛之罪。故教中獲一大罪,雖非犯首誡,亦絕無愛主之心,而愛德即至全失。大凡相反之情,斷不能並行,如暗與光反,暗至光即滅。重罪與愛德相反,重罪至而愛德無存矣。須知愛德在人,惟是專意遵服主旨,以恪守其誡規。苟一犯主命，而無全守之誡，安得爲愛主萬物之上？況天主賦寵我人如太陽射光空際，稍有蔽阻暗矣。重罪正爲受寵之阻。聖寵既失，愛德何能獨存哉？

何謂背敬？總歸於二。一以僞禮敬真主，乃將虚謬之儀奉獻於天主，如在今日復行古教禮，或在主前焚帛籤卜符籙炫奇等是也。古教禮乃天主未降生之前，其禮皆寓望天主降生之意。已及降生後，此禮悉革不行。若復行之，即爲僞禮敬主也。一以真禮敬僞主，乃將欽崇特禮，向受造神人物等，而行祭祀祈禱是也。

僞禮敬真主，其弊易革，兹不必贅。真禮敬僞主，其害難返，因特辯之。蓋天主高尊無對，欽崇之禮，亦至重而莫可假。奈人肆惡不悟，忘造物真主，謬尊受造人物，以其有降福免禍之權，因立祀典崇敬。其原皆由於本性良光既昏，而邪魔引誘遂深也。詳考經典所載，自天主造成天地至洪水之世，一千六百餘年，人人咸知而欽崇真主，無他崇祀。迨洪水後，有諾厄次男名剛，命子孫拜禮三光，實開後世祀物如主之端矣。又有一主名厄諾，悼父亡，孝出踰禮，造其圖像，命所屬臣民拜之。沿習既久，乃立祈禱之禮，是後之敬亡人爲有靈者祖。諸此外此如世人或求媚王侯之威權，或思慕前賢之功德，或愛戀親友爲難忘，曾繪容像敬之如存。傳及數禩，積弊愈深，遂立廟宇，而四時奉祀以求福焉。更有一流自設教道惑人，如天竺釋氏要人奉敬於己，人因之而奉敬致祭。凡此始之以一二人之倡，繼之以數百代之從，以訛傳訛，背敬之害，曷底止歟？總是人蔽本性良光，自招昏迷之罰，而邪魔從中設計，引人於背主之網，而人遂罹其中，而莫之返也。哀哉！邪魔原自爲惡人所通知，故不能任意命人拜之，遂設此計，引人拜人物之像，而彼實潛附其中受拜。而人之拜之者，後必墮地獄，與他爲侶，是亦魔之得計也。背主者，其警諸？

何徵祭祀惟天主宜行，而不宜向於他位？蓋祭有内外之别，内祭是人將靈性内誠獻於天主。因天主獨爲萬有始末之依者，人始受有於天主而來，末歸於天主以受終福。始末之依無有别原，故内祭獨宜向之。外祭是將品物奉獻於天主，行外禮以表内誠認之爲生養萬物真原，外此更無他主，而外祭亦宜獨向之。且人之形神俱由天主所賜，人將内祭以報内恩，將外祭以報外恩，實爲宜然之分。然外禮人所瞻仰，足感動人情，尤爲向主特禮，最關切而不可混施者，今略舉一二端以徵之。

一、奉教之禮，因受禮者之位而立。位尊者宜用尊禮；位至尊者宜用至尊之禮。試觀萬國殊方，無一國不立一極尊之禮，敬其國君。若臣庶等，或竊其禮以敬及親友師長，必干朝廷大典，難辭僭逆之誅矣。天主獨操造化之權，爲天地萬物之獨尊者，其位踰越萬王之上，必宜敬以獨尊之禮，一定而莫可並。故祭禮爲獨尊之禮，獨宜向天主而行。苟將此禮施於他位，背理忘本，斷屬踰分之行。聖教不獨凡人物之卑者，不施以此禮，即如聖母之尊，天神之靈，聖人聖女之德，而爲人所宜敬者，亦俱無祭禮。以至尊之位，獨天主故也。

二、祭祀之禮，乃發於報本求福免禍三者。凡人依其本性之光，必知其所受公恩，如天地覆載，日月照臨等，即生其報謝之情。又見己有多缺，人類之中，不能使之得福，必想外此有可以錫福者。且見己有多疵，人類之中不能使之消禍，必想外此有可以免其禍者。雖不知其所當向者爲誰，惟依本性之光，自難已其感報求祐之意，故天下萬國莫不有祭祀以達此意。即以中國祭義考之，其在《禮記》曰：祭有祈焉，言祈福祥也。有報焉，言獲福而報本也。有由辟焉，言由祭而消弭灾疾也。依此可見中國祭禮，亦兼此三意，明矣。但思報本，當得其本之最當報。天主爲萬類大本，人形神所授諸恩，無一不由之而來。則斷宜崇祭禮以報之，不得他屬。思求福，當得其福之不虛求。天主爲萬福之源，而實有降福之權。祭以祈其佑，宜也。思免禍，當其禍之實可免。天主爲至仁之宗，而自有振救之恩。祭以祈其免，又宜也。若誤認本原，失禍福真向，以祭祀大禮而行於受造人物等。此何異報答於非授恩，求職於非君王，覓藥於非醫哉？

或謂祭祀固爲至尊之禮，今以至尊之祭，用之天主。下此則因其位之大小，而祭禮降以殺焉。似亦無妨於理。此不知祭祀原屬欽崇之典，發於祈報之情，無論主祭之人，或貴或賤，陳獻之品，或重或輕，拜跪之儀，或繁或簡，均爲祭祀，即均爲僭越。禮文雖有隆殺，禮意總無二義。故俱不可行於天主之下者也。譬之朝王尊號，重呼萬歲。今因是而增減之，或以重呼萬歲向君，而以一呼萬歲向人，宜乎？不宜乎？

天主雖甚仁慈，聽人遷改，然有時亦加顯罰，懲一逆命子，以警衆人。其所顯聖蹟甚多，予欲於各誡中姑舉一端，以見天主公義。今先言首誡一背信之聖蹟。史記法蘭濟國，有數人同在酒肆會飲。中有一背信者，不信身後靈魂永罰，對衆云：我等皆爲教師誑耳。安有死後靈魂果不滅哉？衆皆嗤其狂。時有魔借商旅形，進席共飲。因問曰：諸友議者何事？衆云：議靈魂之有無。背信者曰：倘有人欲售我靈魂，寧少其價以與之。仍買酒殽，與諸友盡此日歡。衆嗤爲狂言。魔曰：我實欲售之，爾要錢幾何？答：要若干。魔即出其值與之。彼人果買酒殽，復飲談笑自如。時將暮，魔曰：飲罷當别，請問良友，客有買馬者繫諸楊，那馬所繫的繩，亦屬客人的否？意蓋以馬喻靈魂，轠繩喻肉身也。衆曰：宜屬客人的。魔即將那人騰於空中，隨帶肉身墮於地獄。衆驚駭良久，始知商人是魔，乃天主命之以罰背信者之罪也。

聖教明徵卷之四終

聖教明徵第六卷目録

人不可嫁妻解
不可爲娶妾嫁妻者作媒
再嫁續娶
戒男色
五官不可妄動
被強行淫非罪
辨夜夢行淫
釋守童身之疑
六誡聖蹟
七誡第十六章
毋偷盜總説
欺竊補還之例
物微偷多
竊微物出於不得
子偷親財
妻用家財

聖教明徵卷之六目録終

聖教明徵卷之五

泰西傳教聖多明我會士萬濟國著

二誡第十一章

人既得首誡之訓,明知天主尊高無上,則不僅誠心以信望愛敬四德奉之,亦宜於矢口發言間慎尊天主聖名。故此誡所禁總兼四義。一、禁虛呼天主聖名,二、禁發虛誓,三、禁辱慢天主,四、禁不踐所願於天主。何謂虛呼天主聖名?保禄聖徒云:耶穌之名超越萬名,一呼號間,天神爲之欽尊,魔鬼爲之震懼,世人爲之屈服。凡教中呼主出於切心愛慕天主,或望其庇佑,如平居記憶主恩,感激而贊美之;或求其救護,如遇困苦危難,哀籲主拯。此謂之實呼,不但無輕忽之心,且有愛敬之實。諺曰：口有所言，由溢厥心是也。若不由於實望愛情，惟是閒談暴怒之間，慢然呼主，則内無真敬，妄發虚呼，安得辭輕慢之罪？

何謂發虚誓？凡誓於天主事，欲其真實，亦欲其合義，又欲其關切。果兼此三者，或呼天主以證我心之實。此非本誡所禁，更顯其尊敬至情。蓋發誓欲以證我之言，因言無實據，不能强人信，不得已以無所不知、無所不實之天主，恭呼其名發誓以徵之。此則認天主爲全知全真之原。故四有尊敬至情也。若事爲虚僞，妄呼主名，證僞爲實，或人之事跡未真，我妄疑之，而輕指誓爲據，則非真實矣。更誓欲踐不宜爲之事，如誓報酬謀害，及矢約私情等，則非合義矣。或事雖事，但係細微寬暇，而輕遽發誓，則非關切矣。凡此皆統於虚誓之罪。然非真實、非合義之誓爲重，而非關切之誓爲輕。總爲此誡所禁也。

有非爲傷害人己重事，只因閒談小節，以虚爲實，而妄發誓，亦有重罪。何則？其事雖小，而輕天主之罪爲重。今有屈辱齒德長者，以證我虚妄細事，必謂之褻瀆無忌，何况天主至尊？聖名輒呼以證我虚僞末節，其輕褻又何如？故此凡無情實之事，無論大小，皆不得妄發虚誓，而爲此誡所禁也。

有人習慣而常發誓者有罪。蓋慣口常誓有二。一則不察事之大小，只論真僞。

僞者固不敢誓,真者雖屬小事,常欲發誓。論其罪雖輕,但因習慣所致,亦宜禁止,而去其夙僻。沿此不誠,恐勢將不顧虛僞之事,而漸入妄誓之大罪。一則不察事之真僞,只因慣口故意而發,雖其後偶遇此事有實驗,其罪亦與妄誓同等。因事即真不出於誓時定意,乃出於誓後偶驗也。教中苟有此習而不決意定改,不能得罪之赦矣。若痛悔決定不敢再發虛誓,後因慣口一二次偶發虛誓,非有重罪也。

人常發誓又有三等:一證誓,一許誓,一咒誓。證誓乃將天主以證已往、現在之事。如有人強我發誓,以試果有此事與否。我在主前誓云:天主周知我無此事。若情爲真,則無罪。許誓是我有所許於人,於天主前誓以實之,如誓許還人債等。此於誓時宜有意定踐其約,斯爲無罪。苟姑妄誓,以要人信,則有罪矣。所許爲關切事物,能踐而不踐爲重罪。若小事微物,不踐爲輕罪。或所許之意果善且真,但爲時勢所阻,如貧窮疾病等不得踐約,此又無罪。至所許非義,或自矢欲行淫報仇等,或與人共矢謀財害命等。誓此二者於天主前,以成其惡,此罪爲極重。咒誓不特以天主爲證,且呼之爲士師,判斷其不實之罪,而要天主證其所誓云:我之誓言若僞,聽天主罰我於永獄。或立刻死,或不得其死等。如此發誓,必事之真實,合義關切,乃可。否則有罪。

世人呼被造人物之名，以證事之是非。其故有二。一是以天地神鬼等，爲自有，能賞罰我真僞。如呼天地懲責我，或與教外人，向祠廟邪神發誓，是將屬天主本情，而妄向於被造者之物，此罪爲極重。一將被造之物，以證其誓，乃思此物，爲天主所使用的僕隸器具，如云此事若不真，寧願天地不覆載我，雷雹擊我，獄阱陷我，魔鬼刑我等。如此非以被造等物有權能，可治我善惡，不過以天主所命之物，本可應命而行。若事屬真實，合義關切者，則無罪。

致他人發誓者，分三端。一屬朋類之人，相勸而誓；一以大命小，如父命子、主命僕等。只出於命，而無強之之意；一以威分強之，挾其必誓。此三者，若事屬關切，可以排難解紛，更明知其人不敢妄誓，然後或勸或命或強之誓，俱爲無罪。因此類之誓，乃理所宜然。我所勸、所命、所強，實欲息彼爭疑，免他犯不愛人之誡，故爲無罪。倘彼不從，彼卻有罪。若事雖屬關切，我明知其人不敢承認，寧甘妄誓，以姑寬刑辱，我仍勸之、命之、強之誓，是致人陷於重罪，我亦難辭其罪。至於細微之事，或我略疑其人，強令發誓。如家主因失微物，強使婢僕發誓，是致人易犯妄誓，以逃其責，須當謹也。若我無命人發誓之言，乃彼猝然自誓，其罪即與我無涉矣。

何謂辱慢天主？此有内外之别。内謂思慢，外爲言慢。而思言之慢，又歸於四。一、將不屬天主本情,而慢稱之。如云天主造作,亦有差錯,亦有罪惡、怨悔等是也。一、不認天主本情,而反誣之。如云天主非全能、全仁,不公等是也。一、將獨屬天主本能,舉而歸於被造者。如云天地神人能賞罰善惡,邪魔能化成物體,及顯聖蹟等是也。一、罵恨天主及天神聖人,或聞其名而譏笑侮慢之是也。此四者,或萌諸心,或宣諸口,果屬故意,俱屬極重之罪。因犯背信、背教、背認之重罪,故爲此誡所嚴禁也。

有心懷怨天主,雖不稱天主尊名,而僅詈天地風雨等,與辱慢天主之罪同。如人將僕罵主,雖罵僅在僕,其實得罪乃主也。若無怨天主之意,只無心慣口説出,此無重罪,有小罪。夫無心而猶有罪,矧故意哉?

何謂不踐所許於天主?所謂許愿天主有四。一、許遷善改惡,如欲克己守齋祈誦等;或願不行邪貪財等。其所許遷善不踐者,若非有所阻,即有重罪。但所許微善工,如念一遍在天,不説閒話一句,不踐乃爲小罪。其所許改惡不踐者,乃成行惡、背許兩罪。一、許行惡,如在主前預期害人身名財物等。此許時即有重罪矣。故或妄許斷不宜踐之,則願爲惡一罪,成其惡又一罪。一、所許爲寬暇細事,如許不服斯衣,不用斯物等。更許不能爲之事,如女人許行遠路、窮夫許捨多財等。此不踐爲無罪，但許時則有小罪。一、是所許雖屬善行，其意實爲惡意，如許捨施以求名，許念經守齋以得惡事。此不踐亦無罪，乃許之罪則重，因善惡原於其意。其意既與善反，則所許亦屬惡。且欲天主允我所許之惡，欺慢之罪何重乎？

或謂所許時，心無欲踐之實，後不踐之，亦似無罪。不知許願之虛實，其分有二。一則内意決欲直任所許之事，雖未發諸言，實成其所以許。因天主無所不知，不必以言明其内意，而惟以心定其所願。心許即言許也。後不踐之，斷有罪。若止定做此功，而未許願天主，雖不踐所定之功，無重罪。一則内意已發於言，但此内意所發，又有不同。或僅屬口許，心中原無直任所許之意，並無欲踐所許之願。此不踐無罪，但許時則有妄許之重罪。或口許之時，心中已有欲任所許之願，但無實踐所許之誠。此若不踐，則有重罪。因其許時，明知所許之宜踐，且知不踐之爲罪。則其許爲實許，實許不踐，故有罪。以上因所許事之大小分罪之輕重。

凡人所許，雖向聖母聖人，其實即是許願天主。許願屬欽敬之德。欽敬之德，獨宜向天主。故不踐所許於聖母聖人，即爲不踐許願天主之罪。凡許願聖母聖人，皆是托他作主保，轉達天主，以便允我所許。

凡教中所行善功，有出於許願者，有出於己意者。較此二者之功，必許願者爲大。其故有三。一、爲此善屬欽敬天主，如人平時守齋不過爲克己之功，若守所許願之齋，不僅是克己，且有不敢不踐之誠，愈足以見其欽敬。一、爲踐所許，見其謙服天主，其行踰於未許者。蓋未許者行有功，不行無罪，止獻其當行之功，非獻其能行之力。若踐所許愿者，獻其獨行之功，並獻其能行之力。因既許後，常定一不能不行之志。譬有兩人於此，一止貽我以菓，一並貽我以菓之樹。則貽樹之情，尤厚於貽菓者。行善而加以踐愿，其功不猶是乎？一、爲踐所許，其行之意，益堅於善。因許時，決意欲行此善。故其所行益屬於善，如火既烈，則所發之熱益盛也。然許愿而踐者，功固大；不踐者，罪亦重。人不得輕遽許之。故當欲許時，宜虛心詳審，果克踐此善願，始可許之。否則寧勿遽許也。獨怪人，或遇疾病，或遭災害，其心急迫，不願將來，猝然許之；及事勢已定，反因世物難捨，畏懼苦功，遲延苟寬，以致不踐所願而犯重罪，可不慎哉？

人在天主前，許人事物，此不止是許人，乃並許天主。若不踐之，不特負人，亦並犯負主之罪。更有許不洩他人之密事，後復洩露之者有罪。若事大則罪亦重矣。

奉教後，踐未入教時所許祠廟邪神之事物，有重罪。因凡所行，屬於欽敬邪神，雖云踐願，實增其罪。故或向之許愿題詞，或爲之引疏鳩緣，或爲之焚香燃燈，或爲之脩飾廟宇、繪塑邪像等，均有重罪。

人許天主事物，亦有能免之而不踐者，此權屬於教皇，因彼乃代天主位。次托於主教，並傳教諸師。有教皇之權者，若免之不踐，亦無罪。至父母亦能免其子之所許，然亦有分。女子十二歲以下，男子十五歲以下，男子明悟遲開于女子，故俟至十五。凡有所許，皆屬於父母之允否。因斯時明悟雖開，猶未詳許願之重。故所許宜屬父母統之。若女子過十二，男子過十五，惟施財之許，父母可免。其餘善願，不得輕免。財物之權，尚屬父母所掌。其子雖許施用，不得自專。或已有專主之財，又不得向父母輕免。丈夫亦能免其妻之所許。凡妻前在母家，或在丈夫家所許之事，婚合後，丈夫皆得免。家主亦能免婢僕之所許。但必究其所許。果有碍於奉家主職分，方爲可免。否則不能免也。

犯此誡者，天主顯有聖蹟以懲其罪。天主降生一千六百餘年，法蘭得斯國亞意府，有二少年相交最善，常輕遽虛誓。一日二人賭爭勝負，各恣口呼天主妄誓。維時天主罰一虛誓之先者，忽斃於地。其一人不知，以爲暴疾也。扶視之，其尸垢穢，遍身傷跡，如劍擊焉。始悟天主顯罰，隨自驚恐痛悔，切心勵行，許願入會進脩，以贖往愆。許願時，倏見前斃者進房，駭問其故。答曰：我素虛誓，慢瀆主名，故天主罰我於永獄,悔無及矣。爾若不知是悔,幾與我同也。言訖不見。斯人遂踐所許,卒成善士。噫!妄誓者,可不猛省?

三誡第十二章

首誡命人以心奉主,此指其信望愛者言之。次誡命人以言奉主。此誡命人以行奉主。行屬於身,是以外禮尊敬天主,認伏爲生存萬類、管治人物之原主。依期遵守,以酬其恩。如臣遇朔望,朝拜君王,以報其治國之恩,分所宜也。故人爲肉身謀,日日勤工,極力以盡本務,則爲神功謀,亦必有定期,略捐俗事,以裨我性靈,是以有瞻禮之日,乃人所宜守,而爲此誡所命也。

所謂瞻禮之日,其期總歸於四。一主日,一天主降生諸瞻禮日,一聖母諸瞻禮者,一衆聖人諸瞻禮日。命守主日,併天主降生諸瞻禮日,正以感憶圖謝天主造成萬物,併救贖洪恩,人未可以芒芒世務而忘之。但聖母,乃是天主特選爲主母,即凡聖母瞻禮日,爲人所當記憶。命守此日,正以爲我等作主保,求其轉達天主,以錫我寵祐也。至於衆聖人聖女,或爲天主矢志精修,或爲天主甘心受難,不可不定諸瞻禮日，以顯揚之。命守此日，爲酬謝主恩。亦以各聖在天，皆爲吾儕效法，併爲我等轉祈也。凡此無故不守，皆有罪矣。

何謂守瞻禮之日？其規有二。一、務善行，一、罷外工。務善行者，躬詣聖堂，拜謝主恩，與彌撒。彌撒是祭天主大禮。罷外工者，罷其所爲之工，而遵守此日也。但外工有四等。一屬明悟，如讀書作文考試等，非此誡所禁；一屬動行，而實非工，如遠行釣獵射御遊觀等，亦非此誡所禁；一屬人己切要，如禦寇、顧病、延醫，及貧人傭作謀食，農家防備旱澇急工，而不得移他日者，又非此誡所禁。但果係急工等，亦須求免於鐸德方可；一屬農工商賈本業，斷宜罷工。若非有大損廢身財之關切者，而故意動作，並命他人作工，則爲大犯此誡之禁，皆罪矣。倘工費緊切，不越時刻之久，亦有小罪。凡遇有急事，不躬及聖堂，可無罪。若無故不罷工，又不與彌撒，則犯不罷工、不務善二大罪也。

瞻禮日不與彌撒，必如孩童、有疾病者、距聖堂遠者、顧病者、守家者、有大人阻擋者；或有大損人己財命者，此等俱可免。欲守諸瞻禮日，見年瞻禮單。

聖教命人守齋，此義又當知。齋有心齋，有口齋。口齋惟外節其世味，以抑肉身。因人世三仇世俗、魔鬼、肉身，肉身更爲切己。故身健，則行惡便。如醉飽之夫，易於恣慾。則形之害靈，由於飲食弗節者多也。聖教命人口齋，以殺肉身之強，正以成靈性之勇。聖保琭云：吾軀劣，吾神健矣。其規有大小之別，小齋不減飧，只禁諸禽獸厚味，而水族菓品，隨其所用。大齋則減晨食一飧，所用味與小齋同。但飧後，菓物不得紊用。至晚略用點心，或飯一碗，菜一盂，菓數枚焉。茶湯俱所弗禁。酒則以不醉爲期。是外齋之規如此。若心齋，乃齊其心志，潔其私穢，克其七情，專意祈禱痛悔前愆。此立齋之本也。倘外守口齋，而內不守心齋，雖齋亦是無益。若誠以齋之善，不係於飲食之淡薄，實在我心之清潔。故口齋祇爲心齋之輔，而心齋乃爲口齋之主也。

聖人廣述齋德之益，不獨控制肉軀已也。魔仇甚熾，齋以防之。聖安當曰：人恪守齋，魔畏而阻也。天主義怒，齋以止之。聖巴西略曰：主刑將至，罪人齋戒自持，主怒止，而主慈彰矣。已往愆尤，清齋足以懲戒；諸德未殖，謹齋可以蓄茂。且內洞氣清，能啓明司之光，以達微理。聖師奥吾斯定云：垢鏡不能照物，飽腹之人欲徹義理，曷能哉？大西名醫，言飲食之過，諸毒源也。飲食之節，精健母也。故聖基所勸人守齋免疾，抑形正所以健形也。況檢身之嗇，將得吾神之豐。世味之節，多享天國之筵。齋之益大矣哉！

大齋依原規每年計六十有三日，因教皇免中國，只守九日。天主受難前四十日內，七個痛苦日，並耶穌復活、聖誕，各前一日，皆持大齋。無故不守有重罪。其餘守有功，不守姑無罪。乃小齋，照一年中瞻禮單內所記。如遇此齋期，無故不守小齋，並命他人不守，俱有重罪。

聖教立此大小齋，各有取義，大約歸於感謝主恩，免己罪，以止主怒二者。如受難前大小齋，並凡痛苦日小齋者，乃記憶感激天主，爲我受難贖罪，命我等故遇此日，不宜厚味，須當克己，以報天主爲我等受苦之恩。四季齋者，乃感天主生成保育諸恩也。其餘瞻禮前一日齋者，皆爲預備虔誠，以便守次日瞻禮也。凡遇小齋，亦有可免者，約有四焉。孩童未開明悟者、重病者、生產者，與或遇齋日，全無水族蔬菜諸物，僅有肉味者，俱免。非是者，則宜守。其大齋可免者，約有九焉。二十二歲以下者、六十歲以上者、勞心甚者、勞力甚者、疾病者、遠行者、受孕者、乳兒者、貧丐者，槩免。非是者，亦宜守。無故而不守，皆有重罪矣。

教中高聲念經，乃引動內誠，使得切慕祈禱。又可感動儕輩，同心向主，虔禱匪懈焉。蓋祈禱之義有公有私。公禱是衆人隨鐸德與彌撒時所禱，或公堂念經文祈求諸公共之事。如祈蠶穀晴雨，或爲救瘴癘死亡等。此宜發聲朗誦，與衆同心共禱。私禱是個人私有所祈,不必發聲朗誦,謹備内意已足,然亦須心想口念。其益有三:一是提拔自心,切於愛主,因人心浮慕靡攄,若不藉外跡,不能引動内意。聖奥吾斯定有言:吾外聲愈揚,覺内情愈烈。夫聖人篤志望主,似不必口念。然猶不廢聲音外禮,況我人乎?一是以全人報主。人形神皆由主造,故宜内發熱心,默想主恩。亦宜外宣諸口,普揚聖名。一是顯内意於外儀。凡人内既有切情,不能不溢於外。經典云:熾炭藏衣,熱情必透。蓋言内必達外也。聖教有念誦之規,職是故耳。奉教者皆有所求於天主,要必依義當願,始爲可求。若義所不宜願,即屬不宜求。蓋人有身靈二者,凡益吾靈之事,如求寵祐,使得遵循誡規,悔過遷善,及死後能得榮福諸恩,俱屬人性本願,期可專意向主而直求之。若身世之情有二。一、人生所需,而不能免者。如日用之衣食等,雖爲肉身謀,實爲行善計,此爲可求。更如名位貨利等,或爲貧乏,或爲立功,如有名位,爲聖教顯揚;有貨利,可以施捨、愛人等,此謂立功。俱可藉以行善,亦可求也。一、所求僅屬滋身佚慾,如藉富貴權勢,可以害人,可以利己。此實爲敗德之酖,縱惡之門,不可願得,即不宜直求。至於明明惡行,如害人報怨、貪淫犯誡之端,亦妄求主佑作成,是以天主爲長惡。此罪極重,乃不可求之甚者也。

天主命人愛人如己，凡所願福佑，欲遂於己，即宜願公於人。夫所求爲己者，皆由於顧己；所求爲人者，實出於愛人。則求廣於愛，其功愈大。聖基所云：祈禱出諸愛德，順主命，懌主心，遠勝爲己之求萬萬也。故凡有所祈求，不宜僅爲己祈，亦宜爲人祈。既宜爲人祈，則均是人，即均爲所愛，不特爲親者然。即爲疎者，亦然。不特爲疎者然，即爲仇者，亦然。蓋求爲我親，此人情之常；求爲我仇，乃愛仇之德。倘求時默自分曰：某，吾親也，吾代爲求之。某，吾仇也，不願與求焉。此不獨失其祈禱之功，反得一不愛人重罪。所以人於祈禱間，當求天主偏佑衆人，不拘何等，均在所求之中。必如是求，方合主意，亦必如是求，可伸吾所求。

人向天主祈求，與向聖人聖母，其意又有不同。凡祈禱有二情：一是直求於所自有，本能遂吾求者，如求爵於君，因君本有錫爵之權。故凡禍福，其權操自天主，宜獨向而求之，外此更無可求也。一是求助我得所求者，如欲求恩於君，亦必求其被寵者，爲代白，始見允焉。人之求聖母聖人意，類此矣。因彼在世，多行善功。今在天爲主最所寵愛，我等罪人，無此功勞，直求於主，每恐弗允，惟求聖母聖人代我轉達，乃更易遂所求。故求天主經文則云矜憐我等；或云救我等。至求聖母聖人經，僅云爲我等祈。即此可分其義矣。

誦念經文,若心意不存,徒念無益。願得其益,當決意專心,向主以求所當求。但人心出入無時,偶有外馳,宜隨覺隨收。雖始終精神未能全攝,尚非故意慕俗務者比,亦不失立功之益也。保琭聖徒云:口念而心弗專,雖禱何裨哉?

凡人向主,有想諸心,而未發諸口者,如默想超性之事是也。此之情緒淵深,神悟莫罄,難以備述。有心與口而合一者,如祈禱誦經之規是也。此欲心志不涣,當存三思。一、經文句句字字,俱有微義,誦者當逐句逐字,抽繹厥味,勿致差錯。一、誦經須想各經所由創之意,如念十五端時,當想各端所宜想之情。歡喜想歡喜,痛苦想痛苦,榮福想榮福。一、思所求事物,而專意向所求者。故誦禱欲不紛意,不失功,宜盡心於此三者,即不能全備,亦須得其一端,方見有益。不然,反得務善不專、敬主不誠之微罪。凡聽彌撒,或念所許天主之經,若故想外事,全無是心,亦有罪。

凡祈於天主,而無其效者,皆非其善求者也。所謂善求之端有四。一、求時當被聖寵,而無重罪者。因平素痛悔定改,而爲天主所愛,求才能得。一、求時當有堅信實望,而無少懷疑自恃之意。一、求宜善事,如超性諸德,真福諸情。外此如世物世福,聽主命而不妄求。即求亦爲立功起見。聖奥吾斯定云:切求形身之福,天主允與不允,均足爲恩。蓋主允我求,可爲行善之助,固當受而謝之。主不允我求,亦免利中之害，愈當感而謝之也。又須耐心常求。天主有時欲堅吾心，以試我信德。或未即允，我不可遽輟所求。求愈切，則功愈大。功愈大，則主亦隨功加篤。聖巴西畧曰：凡人求而弗獲者，必求所不宜得之事。否則心有所疑或也。否則無常而輟功也。一、求時當靠吾主受難之蹟。我等無功，不能得通所，惟賴主恩大功，方克遂意。故備此四者以求，則所求爲善，天主必允之。若猶不允其求者，必其時尚未可受其賜。待其時至，必滿所冀望矣。人既陷重罪，未能痛悔定改，仍宜勿廢善功。善功若廢，主佑終離，永沉罪藪而莫脫矣。聖多瑪斯云：人雖犯罪，倘能懇求弗輟，主必允之，寵錫有期也。夫天主有仁義二德。依其義，人既犯罪，雖有所求，亦宜受罰，不宜受佑。然依其仁，自允罪人之求。蓋仁之本情，不關乎人之功罪，惟關乎天主無窮之仁慈。試思吾主降生救贖，豈世人有功，足招斯恩哉？經典云：天主降生受難，惟本其至仁，愛我罪人。若必由人之功，則人皆是罪僕，亦何所藉爲受恩地乎？可知人縱有重罪，原有可望之仁慈，斷不宜廢常功，而失望也。譬有兩人俱犯國朝重律，依律定罪，兩者均在不赦。但一則涕泣求免，痛悼無已；一則驕悍無忌，全不屈求。依義則求與不求者，皆不倖免；依仁則未免憐此痛號者，而思救之。況天主慈仁特恩，又非如國法加刑，見罪人懇求思悔，恒望靈性之潔，何弗憐允其所求歟？

凡人恒居三仇之中，仇力強猛，人力柔弱，且仇計周密，時時伺隙，處處攻我暇，我若一瞬離主佑，彼必陷我於網矣。吾主耶穌語聖徒曰：爾等當無時無在不切意祈佑，以免虐敵。聖奧吾斯定曰：祈禱乃天堂之鑰。人若輟功，必爲天堂以外客，而魔宅是赴矣。聖基所曰：祈禱之功，於人最要，如筋於體，如水於魚，如城於邑，如日於世焉。合觀三條，人當時時處處恒求主祐，始得戰勝三仇之敵。如強寇侵犯無定之期，我惟日夜隄防而已。豈定何時而始淬刃厲兵哉？故教中凡遭險死之時，而有重罪未解，此宜痛悔；或遇易爲大誘感之情，足以背信背望等惡，此宜求免。不然則有重罪。若常時念經間斷，未及甚久。雖無罪，但失多功。若甚久故意不念，則有懶惰之小罪。

犯此誡者，天主亦顯有聖蹟，以懲其罪。泰西白路斯府有一人，凡遇瞻禮日，槩不守。每早晨乘馬出外，馳逐世務。一日蚤間，堂中鐘聲響，衆趨集恐後。彼若罔聞，仍乘馬以出。一魔借形遇之，即推跌馬下，語之曰：爾今不往聖堂，與教友其守祈禱講道之大益，當往地獄與惡人同聽涕泣呼號之慘。言訖，斷其首，攜其魂以去。迄今死跡尚存，銘碑以誌焉。蓋天主留以垂誡後世不守瞻禮者。

四誡第十三章

愛主之義，前三誡既詳，今則備詳愛人之義。人始乎親，愛人莫切於孝親。天主爲萬民大根始，固爲最當孝敬。父母即爲人亞根始，亦宜盡孝敬。然此誡雖總謂之孝敬父母，實兼六義。人子孝敬父母，父母誨育其子，一也。臣庶忠誠君上，君上優恤臣庶，二也。門徒聽從師長，師長善教門徒，三也。婢僕承奉家主，家主恤養婢僕，四也。夫婦好合，五也。兄弟翕順，六也。

孝敬父母，在盡事生成死之禮。事生之道有四。一、内外尊敬；一、順從其命；一、顧養親身，周其願欲；一、切愛親靈，引之正道。敬死之道有二。一、屬親形體；一、屬親靈魂。

何謂内外尊敬？凡思言行，俱矢誠敬以將之，而不敢失之欺慢是也。蓋子敬父母，乃合本性之光，盡其固有之情。倘失其固有，即爲背本。故宜怡顏悦色，下氣柔聲。當依親所向所爲，而敬承之。或遇父母有過，曲解之，幾諫之，不可形諸言動，致有慢瀆。又宜揚親之善，以增其榮，不可彰其過失，致敗其名。此爲略盡敬親本情。若在親前,恣謔笑傲,怨詈怒言,瞠目厲聲揚其疵而毁其名,自誇賢貴,厭親愚賤,此皆違理逆性之事,爲犯此誡而近陷於重罪也。

何謂順從其命?父母義命,子當順從是也。凡宇内無靈之物,各有當然之則。上者恒能動下,下者自能順上。如諸天受運於天神,七政受運於天,四元行受運於七政等。相順而無相背,蠢者如是,況靈者乎?父母爲家嚴君,子順父母之命,乃分之宜。倘不順命,如命守誡,而我不行善功;命關係治家,而我不勤本業。及臨終所囑舊債當還,有力竟置不償,皆屬不順父母之命,而爲犯此誡之罪也。

父母所命或有犯誡背理之事,又當逆之不宜順焉。何則?凡德相成而不相背,順主命屬欽德,順親命屬孝德。欽主孝親,原兩相成不相背也。凡德成於中,倘不及與過,非德乃慝。如克己得中,始成克德。若至戕生,是失諸過,反爲自殺重愆。諸德不猶是乎?故孝德在於順親治命,不在於順命亂命。治命符於主命,順親即以順主,孝與欽相成。亂命違於主命,順親反以逆主,孝與欽相背。人子或執順命之規即亂命亦順焉。則未免過狥,不反貽背主之罪乎?是知父母愛子本情,當揆主命以命其子,不可出亂命以陷子於罪。而人子愛親本情,亦當合主命以奉其親,不可順亂命以自陷罪,併陷親於罪。苟徒阿意曲從,則爲犯此誡之罪矣。

何謂顧養親身，周其願欲？凡不忘恩之情有三。一認恩，一感恩，一報恩。倘受恩者不識認不懷感不圖報，即謂忘恩。請人子試認己幼時，孰懷抱我；長時孰撫育我？笑啼無常，曲意求合者，何人？衣食必需，劬勞分給者，何人？疾病誰與求醫？童蒙誰與擇師？謂非父母之顧子身無不至，遂子願而無不周乎？惟認能生感，覺我之孩提壯長，皆父母經營時也。飲食出入，皆父母憂勞地也。喜怒安危，智愚貧富，皆父母之精神竭而心血盡也。惟感能生報，故備其供養以報乳哺，服其勞役以報顧復，慶喜慰苦以報憂勤，立身成名以報冀望。極百般聚順。凡所以安其身、體其心，惟恐不足以報萬一者。斯謂不忘恩孝子也。不然者，妻孥可戀，身名可樂，等兩老如路人，寒不與衣，饑不與食，所欲弗順，所求生嗔，此為忘恩罪人。則犯此誡之罪矣。

何謂切愛親靈，引之正道？人子欲盡孝，不獨顧親肉身，又當顧親靈魂。故親有未入教，而惑於異端者，亦有已入教而憚於改過者，當陳其是非，剖其邪正，以冀一悟。如或不從，雖至鞭撻怒罵，而仍起敬起孝，曲解幾諫，不敢有怨。即人力終不能挽回，亦為切求主祐，以默啓其衷，必至於遷善改過，職乃盡情，乃安也。不然坐視不顧，徒生怨懟，稍拂意，即恝置之。則親惑異端，而聽其不沐主恩；親憚改過，而任其不蒙主寵。更遇其疾病危急，而不預迎鐸德，以顧其靈魂，皆犯此誡，而違孝德之規矣。

何謂成死之禮，一屬親形體，一屬親靈魂？敬親形體在於慎終，先盡愛痛廹切之情。至殯殮治喪，稱家之有無，或堅厚其棺槨，豐麗其衣衾，高潔其墳塋。居喪三年之外，終身思慕不忘，時掃其墳塋，以憶如存。但如是敬死，非望其來格來佑。惟因親已逝，不得不藉此，稍盡子心耳。若親靈魂，在於救拔，得其安所，如親未入教者無論矣。倘既奉教，雖經告解，或有罪罰未完，死後靈魂，必在煉獄。人子愛親，望其升天，則當懇鐸德致祭，代爲求赦煉苦。請教友同爲祈禱，而在己益宜惓切哀求，或克己持齋，捨施哀矜等，代親立功。或親所囑遺債宜速還之，庶免其苦罰，而早致之永福。此爲敬死實禮也。非然，則爲不正狥孝敬之義矣。人子既當孝敬父母，父母亦當愛育其子。人子形體乃親之遺，自親養之，尤宜自親成之。論父母愛子，原其本情，不患有不愛者，特患其非愛之正。凡世所謂愛子者，不過煦煦然，飽煖是恤，多積金，廣置地，以貽若子安。而聖教所謂愛子，則不徒顧其身，尤顧其心。諭之以善，引之於道。少時不教，長將難服。故其性偏者，正之委靡。而難於進德者，多方勉勵之。擇師以爲之表，擇友以爲之助，習而安焉，漸以變焉。夫而後身靈之理明，而愛子之情盡也。不然，縱其氣質，侈其願欲，交遊匪人，良心日泯，迨至積習已久，奸邪成性，教之不可，戒之無濟，而後憂子之不淑晚矣。古賢有言：人愛子孫，不遺善而遺金，是猶備美履而弗忌傷足；貽鴆毒，而弗與以解毒之劑也。此非愛子之實，而犯此誡之罪矣。

何謂臣庶忠誠君上，君上優恤臣庶？父爲治家家君，君爲治國國父。子於父當盡本情，下於上當循職分。故凡臣庶之分，在於尊敬上權，奉守上旨，無違國律。倘違功令，悖法律，不遵治國保民要務，及不輸國君之理，並以下謗上者等，皆爲犯此誡之罪也。君既爲一國公父，即宜愛下如子，用賢任能，明賞愼罰，仁義兼盡，恩威並濟，利爲之興，害爲之除，謀養其生，亦教其德，臨刑而存一哀矜之意，稅斂而厪以節省之心，不加以過分難堪之事，而當通以憂樂與共之懷，此爲君上本職也。西土謂民猶羔羊，君猶牧。經典云：爲民牧者，只顧己不顧羊，汭其乳，剪其羢，食其膏，可乎？不可乎？故凡君王，並官司有牧民之責者，或不克盡本職，以治國恤民，皆非良牧，而犯此誡之罪矣。

何謂師長善教門徒，門徒聽從師長？父母生子，使長其軀；賢師誨人，使長其道。爲親善養，爲師善教，義均也。教之當淑其心，陶其質，詩書文藝猶其末耳。譬如凡樹灌溉從根，善於培植，其標自茂。賢師勿廸於邪。自率以邪，曷責不正，爲師者勉諸？我非親，無有身；我非師，無有心。智者稱師爲二父焉。故傳必習，命必遵，無萌驕志，無即慆行，爲徒者勉諸？倘師不善教，徒不順命，皆犯此誡之罪。

何謂婢僕奉承家主，家主恤養婢僕？主僕之分，雖有尊卑，其性則同，其情亦密。天主爲我之父，並爲我婢僕之父。天主既視之如子，我何不視之如弟。故家主當顧婢僕饑寒，憫婢僕勞苦，畜以慈，涖以莊，過爲責，怠爲懲，不可暴怒辱撻。或已進教，命之悔改守誡。遇有病，必請鐸德，顧其靈魂，義也。設爲主大懈怠於此，則爲犯不義重罪。然家主養婢僕如義子，婢僕亦宜奉之如義父。勤己本職，順其正命，不可驕悍，而欺主貧拙。怠惰而致主勞忿，誠而勿詐，公而勿私。不敢竊資財，敗物業，匿田產。此真爲義子矣。非然，則爲犯背義之罪。

何謂夫婦好合？夫婦雖分二人，實如一身。既屬一身，當懷一心。故夫正位乎外，婦正位乎内。分治職務，勞則相助，病則相顧，憂則相慰，過則相規。即多難而不辭，貧乏而不厭，無子亦安於主命。交相勸勉，以率於善。不得怨恨咀咒，至於反目。其情彌久，其愛彌耑。終身好合，不以他愛乖離焉。若婦不從夫正命，夫或敗妻聲名，爭鬭凌嚣，兩相猜恨，甚至中途棄捐，並不相顧念，皆違夫婦本倫，而犯此誡之罪也。

何謂兄弟翕順？家室和平，在於家人盡分。兄處尊，有父道，宜以愛待弟。弟處卑，有子道，宜以敬待兄。蓋見弟之性體血脈，實出一源，不宜漸至疎隔。是以私不可懷，怨不可蓄，爭競毀謗不可長。分財必順理，勞逸必公平。此爲人倫無失也。否則，家政乖亂，爲犯此誡罪。推之凡叔侄姊妹，亦宜依此例而行也。

或謂西師棄家遠來，孝親之道，不無有歉？噫嘻！是何言也？我輩傳教誡勸人，豈於此道有所妨耶？敝邦多國，自天子以至於庶人，無不明造物主，而遵正教，設立各會，俱有深意。其大旨惟欽崇一主，專務造道，並廸人於正行，使得宗向。故我輩進會，不安居本家，屏絕世務，或傳教外邦，冒歷艱險，以救人靈，此其本志也。父母生子，不望他榮，惟願道德克脩，傳教克廣。至子進會而成鐸德，復能辭家救世，親心慰而子職盡矣。豈得謂之不孝？且會規獨生一子者，當留養親，不許入會。是傳教士，已有兄弟顧親，而彼獨克慰親志，離家盡職，又何妨乎？夫世人仕宦登朝，亦遠離親側，尚以爲榮，而不謂之不孝，況登鐸德位，而傳教遠方，證萬物真主，救我同類？乃爲親所願者，而反謂之不孝哉？

天主嘗顯有聖蹟，以懲不孝者之罪。按天主降生後一千二百五十年，玻爾我納郡,物爾學地方,有寡婦止生一子,常忤逆母命,迷酒遊蕩,久不歸家。一日母尋諸市,遇之反辱母甚。其母憤而詈之曰:我祈上主罰爾,自今不得生還,必被劍死,他人束爾屍歸。是日,又有一逆子,因父責,以手批父面,父怒曰:我求上主顯罰,批我之手,將被砍,不踰三日,覩爾屍於刑場矣。已忽兩逆相遇,若生平歡,同邀飲醉,各拔劍鬭擊。彼爲父所呪者,遂殺寡婦子。衆欲執之,時逃去。衆急追,仍以劍自衛。中有一吏,砍斷彼手,乃即批父面手也。獲歸刑官。三日後,遂刑死於場,如父言。衆乃拘縛寡婦子,送於其母家。噫!此二人爲父母怨詈,俱驗矣。雖父母呪子,如此亦是傷慈重罪。但欲明天主罰不孝者,令衆知警。且萬不敢犯不孝敬父母之罪云爾。

聖教明徵卷之六

泰西傳教聖多明我會士萬濟國著

五誡第十四章

愛人有公私兩情。愛乎恩我者，屬私情；愛非恩我者，屬公情。上命孝親，並君師等，皆屬人私情者。此則總命愛人，屬人之公情者，乃不拘親踈、仇友等，俱歸當愛之內。因世人皆爲天主子，即皆爲我弟兄，原來一宗親者也。譬人身有四肢百體，中雖有高卑大小不同，咸相維繫，即偶致傷，亦不怒不校，不失愛情，斷無自害之理。推諸愛人，當亦猶是。夫人愛己，莫大於愛其生命。故詳愛人之端，即禁害人生命，曰勿殺人。人以形神而成，則禁害人生命，並禁害人靈魂。

何謂害人生命?人之生命,獨屬天主之權。凡無此權殺人,則是僭權重罪。然殺人有三,以行、以言、以思,均爲殺人,即均爲犯此誡之罪。前以五誡並六誡屬行害者,因十誡之序,統言之耳。此以行害,又兼言思者,乃即第五誡而詳分之也。

何謂以行殺人?是所行之事,致害人生命,如以梃刃殺人,固爲殺。或弄刀筆生端,或肆虐刑枉屈,或自縊遺鴆,或墜胎淹女,或庸醫誤人等。皆屬殺人重罪,而爲此誡所禁也。

人固不可殺,而奸盜等惡不在此例。凡有治國公權,如國王刑司,獲奸盜輩,準其罪之大小,以行其法之輕重,罰所宜罰,殺所宜殺者,皆無罪。蓋公權由於天主所授,以便治國。如百肢四體,合成一身,偶有一肢蒙毒,能致遍身敗亡,則必急用針灸,去其害,以存周身。彼奸盜乃國毒肢也。此害不除,舉國爲之流毒。故司權者,必去蠹以瘳之,非惟無罪,且顯公義。不然是容奸縱惡,反受失權悖義重罪焉。

惡人雖可殺,亦必果有殺人之權,始可殺。蓋殺人所以止亂。止亂之權,首屬國主,次及於刑司之代君行權者。使權不在,而敢私殺人,是國無定權,人得縱法行私。斯乃以暴生暴,國亂愈滋,實爲此誡所重禁也。世有隸卒依命殺人者,此中有罪無罪尤有辨。大凡有權以殺人者,即有命殺之權,如其依權而行,弗違正命,則爲之役者，宜遵順之。蓋無挾勢、無私意，惟奉命殺所當殺，此爲無罪。若所命者，悖於公義，隸卒明知其無辜，即不宜順意而殺。然爲上可以殺人，原非可以妄殺。苟不循義行權，命之者已犯殺人重罪，則順之者罪亦如之。

世有因惡人欲害我命者，並奪我財，而我私殺之。此中有罪無罪尤當辨。所謂私殺有兩情。一屬本意欲殺其人，如盜賊來前，原有多方可救財命，或躲避得脱其難，或鳴官得按其律，或呼號他人援護得免其危等。此皆執意不爲，而必欲自殺之以快意，是其殺非爲免難，適以逞私，爲有重罪。一屬自救，不得已而殺其人。蓋保存生命，原爲人本情。因盜賊來，無别法可以存生，不得不殺他以救己。是其意外，非主於殺人，則爲無非。然此必果係勢極危迫，並奪我厚重財賄者，乃不得已爲之。若止如鼠竊類，則亦不可殺，但歸之有司，以定其罪足矣。

凡人自殺有三重罪：反性一、背義一、僭權一。反性者，以不由自愛本性也。人或有不愛人，斷無不愛己。曠觀無靈之物，亦各有存生之情，如禽獸諸類，各具齒牙爪角，以敵害自救。豈有靈性之人，寧不欲自保其生乎？若至自殺，是不循愛己本性，智反居禽獸下矣。故謂反性之罪。背義者，謂不合於理之宜也。義所宜然，在於人各盡其本生之分。人之一身雖微，乃大主所生，合人衆共成一世界。分指一人之身，各有其職，各有其用，如集衆臣而成一國。去其一，國即有缺備。衆肢而成一身，去其一，身亦有缺。苟至殺己，則忽缺世上一人。其職未盡，其用罔功，不空負天主生人之意乎？故謂背義之罪。僭權者，以生殺之權，不屬於己也。人之生命，上主賜之，則或生或死，其權操自天主。殺己爲害己命，亦爲僭主權。譬代牧牛羊，其存留在於其主，不顧其主，而擅殺之，非僭權之罪而何？是兼此三大罪，則殺己之罪，尤重於殺人。

或謂人之自殺，有因欲成其忠，欲保其貞者；有因自責己罪，或恐將來犯誡者；有因畏世禍而思早享永福者。凡此似亦無罪，不知自殺既悖於理，自無一事可使之合理。因非理以成善名，不可也。夫十誡各有相成之序，而無相反之行。忠貞信望諸德爲主所命，殺己尤爲主所禁。犯此以守彼，安得無罪？須知善德，各有本情。如盡忠係爲國君之難，忘軀以狥之固宜，但必當忍苦耐辱，以圖可濟。至事窮勢迫，聽其執戮。斯於事君無媿，守誡無憾也。若必自殺成名，僅以一死塞責，于大事又爲無濟，則不見其忠，反見其劣。何爲乎？守貞在烈女固當自持。寧甘爲強暴所殺，不願爲強暴所污。倘至於時勢無可如何，萬難保全，雖被強污，非我愛欲自主，詳六誡中，亦不至傷吾貞德，何必犯殺己之罪，以成貞名哉？至欲責己悔罪，惟在世上立功，死後再無立功之會。倘因自責而自殺，則罪復加罪，毋亦欲速受永罰，以罹定局乎？不然，何愚至是也。若恐將來犯誡，則當勉力進善以望主佑。使由此而自殺，是將來之犯誡，尚未必定，而目前之重罪，已先復成矣。且夫苦莫苦於死，亦莫苦於死後。將死以免苦，是猶欲避熱而自投於火也。堅忍以耐世禍，未必非後之福。殺身以求後福，益以加後之禍。何不知禍福真僞，一至於此。然則人爲此數等，而自縊、自刺、飲酖毒、赴水火等，以害性命，皆犯此誡重罪也。

中國淹女之亂，最爲重罪。蓋愛子之情，由本性而發。至於禽獸，雖猛如虎狼，皆有之而不忍微害其子。奈何人具靈性，反至淹殺己女，不尤忍心于猛獸耶？萬國之中，多少蠻俗，不通文教義理，文膚赤體，茹鮮飲血，性強悍，嗜殺人，從未聞有淹殺己女者。何中華向稱禮義，有文武之明邦，而尚有此事之亂，曾蠻方之不如也。不深足駭乎？男與女，均子也。女兒寧非親骨肉哉？方離母胎時，於人世總無愿，於父母總無愆，可愛又無異於男子也。乃以爲女，則甘擲之，絕其噓吸，恐不速死，垂絕呱泣之聲，誰忍聞乎？何父母之心，宜動而竟不動也。即此忍心害理之甚，反性逆情之極重罪何辭！

教中見人身命危急，可救而不之救，亦與殺人同罪。聖盎博羅削云：爾見彼危,有力弗拯,斯爲爾殺是矣。又愛人之義起於思,發於言,成於行。若望聖徒云:口愛不行,愛之僞;愛而能行,愛乃實也。故若食飢者,飲渴者,出人於水火中者,和其仇爭搆怨者,皆所當行也。不然,財有餘而吝微費,坐視焚溺而不援,力可解和而旁觀,是皆背於愛人,而爲此誡重罪也。

何謂以言殺人?此有三等:一、呪咀,一、辱罵,一、忤觸。呪詛者,忿懷内意,而發諸口也。如詛其罹凶蚤弊等語,皆由心願,斯爲重罪。又有非心所願,僅爲慣口弗覺,如父母詈子類。罪雖爲輕,亦所當禁。故子弟婢僕有過舉,屬所當責,寧加鞭杖,切勿以恨心恣口呪詛焉。辱罵者,乃以詬語羞辱人之行止,或過毁其所無之失,或揚其幽隱之愆,致他愧恥難容,聲名輒敗,皆有重罪。惟有分位者,意主於禁止其惡,如官長懲責人民,父母教訓子孫,家主責婢僕,嚴師警門徒,面指其失而辱之。原非懷私挾怨,冀其愧悔改圖。雖隣於辱,實由愛情所發,此乃非罪。經典云:凡我所愛者,必責其過是也。忤觸者,出言不忌,刺人之心,觸其暴怒,此則無論重大之情不可。即屬細事,致人忿激,皆爲重罪。因彼忿怒之罪,皆由我所致。故彼斯犯之罪爲重,而我致之之罪等也。苟不足以觸大怒,僅是戲謔,則罪爲輕,因彼所受,非有大害也。

何謂以思殺人？心中營懷樂想害人是也。愛人之情，由於心欲成人美；憎人之原，由於心欲貽人害。故凡功罪，先成於内，後行於外。害人之端，雖未顯，但包藏在心。其意已立，其罪已定。故願人遭難罹災，見其困厄危乏，則喜之；見其豐榮安樂，則嫉之。皆屬不愛人重罪，而爲此誡所禁也。

或謂惡人虐甚，勢難敵之。但心中飲恨，姑願其死亡，似亦無罪。不知上主命我愛人如己，人雖惡總屬我人類，則依主命，亦宜愛之。且愛人之情，根於愛主。人類雖加我以害，俱當恕而愛之。故惡人二字，名惡亦名人。論惡則屬自主，逆天主命，而塞升天之路，其惡可惡。論人則咸爲天主所生，人皆如兄弟。其惡可惡，其人仍可愛。故天主及聖人，惟惡惡人之惡，而愛惡人之人也。蓋我之惡惡，只不欲人有罪。恐因其罪，易阻人己行善，莫享榮福，所以願除其惡，而存其人，使其惡既滅，其人仍爲可愛。揆之愛人公情，原自無傷。苟惡其惡，並惡惡其人，願其死亡，是爲私惡，而傷愛人之義，即犯此誡重罪也。

聖教命人愛人，復命人愛仇。吾主耶穌云：爾愛愛爾者，望何酬乎？即惡侶亦能若是矣。爾愛不愛爾者，乃聖父本德。吾子當傚，而肖之也。但仇之惡不當愛。愛仇之惡，屬於逆情，不可行。仇之人必當愛。此係天主所命。凡用愛時，不宜以仇而置之。故或衆爲共禱,亦宜與之代祈,或見其危難,亦宜爲之拯救。凡往來應接之際,俱依公禮待之。否則有罪。至於愛仇誼若親友,天主亦常以是勸人。但不如是愛,亦爲無罪;能如是愛,則愈見有功也。

或謂君父之讐,不共戴天,此而不報,何以爲忠臣孝子?不知私殺之禁,愛仇之道,上已詳言,不必贅矣。但聖教於君父之仇,非槩無道以處之也。亦行其當然之法,以合於公義而已。大凡有權可以刑人者,亦有權可分於人以代刑。國君爲操權之宗,百有司爲分權之泒。故君有仇,非一人私仇,乃通國公仇。國君不能自獲以罰之,頒令討賊。凡爲之臣者,奉令稱師。能親獲其人,執送於官以按律;未能親獲其人,不妨對敵而謀殺之。此乃依權報君,仍非私意復仇。又有君被敵國所害,倘權無耑屬,歸於公義,衆起而伐之以除國公害,原非爲己私以報仇,俱無罪也。若夫父之仇,有可以私殺者,有不可以私殺者。可以私殺,如父逼於賊害,無别路得生,惟我殺其人則父生,不殺其人則父死。慨然殺之,爲救父命,非湜己私,何罪之有?不可以私殺,如父既爲人所害,我又無殺人之權,私而殺之則犯僭權恨仇之重罪。爲子者,只宜投官鳴冤,憑公罰以懲其罪矣。由是知聖教雖禁報仇,而於處君父之仇,忠孝之德仍全。亦何至挾私背義怨毒甚深,以相仇報,而犯此誡重罪矣。

或謂世有惡人，我願天主誅滅之，或望降災以懲之，似亦無罪。不知此原有二情：一是由於挾私飲恨，欲惡人即時敗亡，以報其惡，快己意。此情之私者，則有重罪。一是欲滅惡免害，如願天主陰除寇亂，以安國救民；又若願官長懲創頑讒，俾知警醒。更願其遇病遭厄，而俾能悔悟。或見人窮乏疾病困苦堪憐，願其不如能領洗解罪而死，猶得免世苦、享永福。或見嬰兒，無自作之愆，與其將來溺於罪誘，願其毋寧蚤亡，免致獲罪。如是等願，非出於恨嫉，乃出於愛情。此情之公者，則爲無罪。

人有不欲己生，寧願己死者，意或由於恨己怨生，則有重罪。不然，對主默誦之際，或願蚤逝，不圖世樂，以免後罪。及祈主蚤命升天，享終福，以脫世苦，而實仍修身俟命，無感怨生，則爲無罪。

有興詞控而被告者，輒至傷其生命，則告者之有罪與否當辯。如所控之事，果爲關切，並係真實，且詞中無誣枉妄抑之冤，而其意亦無報仇懷怨之私，止欲有司懲其惡，罰其罪，或追償金物，如控侵我田產房屋、逋抗糧債等，則告者無罪。惟官司加刑過酷，傷其財命，斷屬不義之罪。倘控者，出於冤抑，或事即真實，而心有報怨之意，則爲殺人重罪。推之，唆教創詞，背面是非，致人相訟相仇者，皆爲不愛人重罪也。

何謂害人靈魂？因我致人爲惡犯誡是也。凡致之之故有三：以言，以行，以表。以言致之者，如命在下人，作奸盜諸違義之事，或勸誘同輩，爲邪僻之行，或讚譽過當，逢其非，長其惡，害人靈魂一也。以行致之者，如强他人犯義，或助人成其過舉，或創立異端，塗飾新奇，引人行背理之事，害人靈魂二也。以表致之者，自己出言不淑，躬行不臧，爲人效尤。如居上者，顯行疵謬，倡率在下，群效成習，不畏其罰，以其上下通同，不得加罰，而害人靈魂三也。凡此皆有重罪。

不救人身命，既有重罪；不救人靈魂，愈有重罪。蓋愛情之序，在於先愛天主；次則愛己靈魂，並愛人靈魂；更次即愛己身命，並愛人身命。是靈魂貴於身命。故我見人行惡，靈魂必陷永獄，勢能挽回，當救之勸之，使得受主寵，不可憚微勞，托言難行，聽之沉淪永獄。此則愛人靈魂，切於肉身世俗，始不錯愛人之序。倘或知此人將死，未聞聖教，度能勸之進教，及可代洗而竟不行者；或見教友病危，願解罪傅聖油，而無人往迎鐸德；己能代之往迎，與阻於貧乏，不能僱人；己力可以代僱，乃甘視其死，而不惜者；或見嬰孩病篤，及親棄不養，我可以代洗，而不出力者，皆爲不救靈魂之重罪也。

釋氏殺生之戒，於理甚悖。凡物本爲我用者，我取而用之，則合造物主之意。如子衣父所授衣，食父所貽食，何罪乎？宇内所受造之物，其卑賤者，本奉其尊貴者。生者爲覺者用，生與覺者爲靈者用。經記洪水後，天主語聖諾厄曰：凡有生無靈類，皆爲爾儕糧是矣。今釋氏戒殺，謂物與我同性，殺之有罪，則是天主無故造此萬品，以引人殺而陷之于罪矣。夫戒殺必令普世盡不知肉味，乃爲同歸於善；而世人能盡不食肉否？且必市井村落，盡不鬻生物乃可，而人間有餘之物，果能不貿易否？既俱不能，又何得禁之鬻而不買？買而不殺，殺而不食乎？據云：保全物性，養我慈心。此乃倒行逆施之僞善。夫所謂慈心者，原體上主好生之德，皆爲愛人而發。惟人類則相親愛，物止樽節愛養，欲其蕃育不窮，爲人常用。苟必一切禁止，不知人類需何物以養耶？且養生最重者，莫如五穀。彼將害五穀之雀鼠蟊賊，亦不得網羅除滅之。人類之最畏者，莫如蟲螫猛獸，彼將害人類之蛇蝎虎狼，亦不得搏擊誅殺之。如可滅可殺也，則已犯其誡。如不然也，勢必讓天下於昆蟲禽獸。舉世皆枵腹就斃，而無遺種。是僅知保全物類，而不知保全人類矣。安在其爲仁慈哉？至云不能茹素，止食三淨肉。此尤遷就不合理之論。夫戒殺專爲保全物命，今物已戕，而肉入口矣。安在其全物命歟？爲善欲得諸己，亦宜公諸人。今以不見死，不聞聲，不特殺爲可免己之罪，而以罪委之他人，己則恣食，是掩耳盜鈴之説也。人則受罪，是借刀殺人之法也。至云茹素戒殺生，後輪爲人。輪廻之謬，前已明辨。聖教所立齋規，絶無是説也。

天主顯有聖蹟，以懲犯此誡之罪。昔有二人相仇，一生搆禍，無能解釋之者，鐸德常諭以和睦。彼各答云：我寧即墮獄受苦，不願與好也。未幾俱死。鐸德憐之，未知靈魂何如，求主顯示。忽一天神攜鐸德至獄，所見一大穴，若窰壙狀，火焰甚熾，中有二人，醜態怪形，出在火穴之外，各持刃相博，肢體碎斷，魔將其所碎肢，置之火中。置盡仍出砍如前，如是者不一。天神指之曰：此即在昔相仇，而自願墮獄者。言訖弗見。可知生前之戈矛，即兆後世之火刃，可不懼哉？靈魂無形，此皆借像以示之。

六誡第十五章

愛人先在愛己，愛己先愛親近己者，親近己莫如夫婦。上誡既禁害人，此誡即禁不可瀆夫婦之倫，曰毋行邪婬。蓋正色惟夫婦，外此不問何等何行，俱爲邪滛，爲此誡所禁也。

偏情亂倫，莫如娶妾一事。今姑明三端，以見其非義。一、厥初生人，僅一男一女，配夫婦，傳苗裔，爲人類祖。配偶之倫定矣。夫生人之初，傳生孔亟，宜乎多婦。乃止以一配一，是夫婦正規。原如此，倘復有妾，不幾背人祖，而乖正規乎？一、凡己所不欲者，宜勿施於人。我既不欲妻有二夫，妻豈欲我有二婦？夫婦正位内外，雖分尊卑，至論配合傳生，謂之敵體，合兩身如一身，宜互相愛，非一己所能偏私也。故夫身惟妻主之，妻身惟夫主之，兩身相主不可易。則兩情相愛，亦不可分。若娶妾，將分其身以爲他婦主。豈平情盡倫之行哉？一、夫婦和，則相依相信，贊成家道。有妾則和減，離隔懷疑，各有異心，何家道之克成耶？况婦性易於憤嫉，分愛於妾，妻心必積憤難平。或寵妾過甚，妻心愈妬忌莫釋。及妾以有子而驕，勢將凌嫡，而尊卑之分易，夫婦之倫乖矣。又何以齊家歟？是以娶妾，爲聖教所禁也。

或謂不孝有三，無後爲大，娶妾爲無後以全孝道，何禁之有？不知凡所行背義者，即非德。娶妾既背義，豈屬於孝德乎？蓋孝德之成惟在事親盡道，不關育子有無。人能遵四誡之條以順親，可謂孝矣。無子容何傷？今有二人於此，一則事親無媿，但一妻無子；一則事親常逆，獨有妾有子。此孰孝孰不孝？勿辨自剖矣。即爲無後,則有子宜不必娶妾矣。何世之有子者亦娶妾。吾恐非爲無後,衹爲私慾也。冒孝子之美名,以濟好色之偏意,亦見其惑已。且孝道不獨屬男,亦屬女;而無子不槩在女,亦在男。婦無子,夫可娶妾以成孝。倘夫無子,婦或旁合以延後,人豈稱爲孝女,而不指爲淫婦哉?故不孝之罪成於人之不欲行,不成於人之不能行。有子無子,非人之所能爲也。若無子爲不孝,是以不能行之事,加人以不善之名,殊非正論矣。

有娶生人妻爲室者,此與娶妾同罪。一夫既不得娶二婦,一婦豈可嫁二夫乎?故雖兩情愿爲,而許嫁之婦,則罪在背夫;娶婦之人,則罪在奪妻。嫁妻之夫,則罪在棄妻。

或謂有夫家窮乏,不足以養其妻者;夫妻有異志,兩生嫌怨者;有其妻犯淫者,轉嫁之,一出於勢不得已,一欲平其仇怨,一欲絕其惡行,似亦無妨。不知男女至婚配後,合兩體爲一體,終身不得分離,惟死可解。古賢曰:夫視婦宜如肢體,眷顧之;婦視夫宜如元首,尊崇之。其親永依,其和永堅,危苦相守,不得任意去取也。夫鳥獸中,如鳩鴿等,尚有定匹,而不相亂者,奈何人反行禽獸所不能忍之情,將妻事他人?羞惡本情,安可泯耶?即妻犯淫,宜自重懲之,而刑使之歸道也。或驅母家給養，或分房不與相親，仍須照管其身靈，此則可行也。倘轉他人，雖不再娶，莫免重罪。

有娶妾嫁妻者，我代爲媒立婚書，亦有重罪。蓋人有非義之舉，我不勸諭之，反助他犯誡，以成其惡，不可。故凡引人行諸邪情，其犯罪皆此類也。

夫亡妻再嫁，妻亡夫續娶，此理屬可行者，然守鰥寡之貞，亦聖教所嘉許。衹隨人立志，守者有功，不守者姑無罪。

所最反性亂常者，又莫如狎頑童一事，其罪比女色更重。蓋人有靈明，宜依常性而行。若所行反性亂常，則非人之本行。觀禽獸諸類，亦止有雌雄牝牡。設有兩雄相交，兩牡相偶，必群駭爲怪。人尊且靈於物，反行物類所不爲之事，恬不知怪，且不知羞，何哉？至於將女作男者，亦爲極重之罪。

目覽邪書淫像，口説穢語俗詞，耳聽妍歌妙曲，與手亂動邪體著，皆有罪。蓋五官乃心之門。外多邪賊窺伺，須加禁錮謹防，稍啓其鑰，賊即入而壞心内之諸善矣。故必視聽言動，皆持以禮。倘接邪像入心，每至樂想，不能自止。吾主耶穌云：凡見艷貌而順啓邪意者，其淫罪即基於是。人當嚴絶外誘，因此情進險。偶墮淫藪，恐至難拯也。經典云：喜行險者，必屢蹶。人可不防險路哉？

有被人強行淫者，無罪。此亦有説。凡罪成於愛欲自主。愛欲不存，罪於何有？但被強時，固當嚴色正詞極力制禦，以希免辱。倘處時勢窮迫，如爲惡賊所擄，全無别路可免。此時心自憂憤絶無樂情，雖外受污，而清貞尚保無玷。譬有賊強孝子之手，以披父面，而子心抱恨。豈得罪以不孝乎？蓋人所能強我者，外之所行而不能強我者，心之所欲。欲與不欲，其權俱操在我。我自主之權既固，雖群魔之虐，萬大之勇，亦不能強我所不欲行之志。故曰：罪成於己所欲，不成於人所強。

夜夢行淫，當必有辨。夢之由，前既詳言。而夢中邪情，其故有三。一、因飲食過節，爲慾情之薪，以熾淫火。苟飲食時，樂於過節，以招此情。此出於有心，即有重罪，否則無罪。一、因睡前，已懷邪慾。至夢時遂發此像，斯犯此誡而有罪。倘偶有此念，而切心制之。或想後，已專誠悔咎，雖夢間仍呈幻像，無重罪也。一、因魔鬼伺人寢息，煽動其涉記司，邪像便於誘感人心。若醒後懲戒自恨，無意樂爲，則無罪。總之人當常守心思，慎視聽，求主寵佑，到夜免我魔陷，庶得寧靜夢寐，不至擾亂也。或謂夫婦定偶，爲傳生正道，聖教有童身之命，不將滅人類乎？不知聖教非盡命守童身也。童身之事極難。自幼至老，不染慾情，亦非人所能盡守也。但粹美足珎之行，不強人爲者，亦不禁人爲。彼有志守貞，欲潔心靈向主，謂非絶德足重乎？亦聽人自取已矣。保琭聖徒曰：童身未有主命，我亦勸人守之。女嫁爲善，不嫁更善也。此分三等焉。上爲童身之貞，其功最美，其價比金。中爲鰥寡之貞，其功次美，其價比銀。下爲夫婦之貞，其功又次美，其價比銅錫。聖博羅削云：婚姻滿世界，童貞滿天堂。此兩語者，蓋謂夫婦配偶傳生不絕，非滿世界乎？自矢清貞，主賞特崇，非滿天堂乎？

天主顯有聖蹟以懲犯此誡之罪。泰西古有一修士，臨終天神引其靈往觀地獄公刑。善人見之，懼甚。時見群魔擁一靈嘻嘻然來報其魔王云：我等所愛友至矣。其王因離席相迎，且慰曰：予設此座，以待子久矣。揖而進，命坐火筵取酒飲之。舉盃狀若鎔銅，飲下，則通體咸受燃灼。兩魔合炊火管，入於其耳，七孔烈焰如星。因設一床，鎔鐵以爲簟，紅爐以爲枕，虿螯毒蛇，交集以爲帷幔，命就寢，悉被蛇虿纏繞嚙嚼矣。百痛莫形，永常如是。此亦借像現蹟者，乃以示貴人在世而恣淫，當受斯罰也。於是天神復攜善靈歸傳於世，以致警焉。迷哉！淫子！可不儆哉？

七誡第十六章

人愛身命,隨愛財物。害人身命爲非仁,害人財物爲不義。五誡既禁害人身命,此禁害人財物,曰毋偷盜。凡所取財物,不由公平理義而來,如盜竊攘奪侵佔田產、搆訟誣捏、唆騙營逐、創造僞物、狡獪欺人,及官司判斷狥私、賂賄公行,或錢米粟布,其權度不依公正出人者,皆謂偷盜之罪,而爲此誡所禁也。

欺竊人財物,以中國公例考之,自壹錢以上,而不補償人者,即有重罪。然竊物之重,亦有二說。一是物大而價重,或自壹錢以上,雖竊自富翁之家,亦有重罪,斷宜補還原主。一是物小而用大,如盜人一針,至小也,但貧家獨賴此針,以製工營生,是其用大也。我盜之,致彼輟工乏食,是竊人之微物,貽人以重害。豈非重罪?故不僅宜償人一針,更須補人幾何日之工值,乃爲一定之義。推之,盜人微物或致人爭鬭,多方猜疑,同室積恨成仇者,皆是重罪。若微物無甚關係,不至致人爭忿者,乃爲小罪。

物微而偷多者，有四説。一、鳩人行竊，如登園拾菜，雖一人僅盜一根，合衆人則不止一根矣。其園主總計幾何值，此一人不但宜還人一根，併多人所盜幾何俱宜補還。因我合助衆人，害人多物，此爲重罪也。一、我竊人微物時，初意欲竊多，止恐爲人所獲，不敢一時俱竊，意期今日取其幾何，明日又取其幾何。物雖微，而意之所期則多。故其罪因意，意奢而罪亦重也。一、盜人微物，其立意不在多，其人亦不受多害。所盜不過些少，或盜而未曾償者，亦未免有小罪。苟過壹錢以上而不還人，厥罪或輕或重。聖賢論之未同。一、盜微物於多人，而無意盜人重物。如竊東家微物，又竊西家微物，騙這人幾何，又騙那人幾何。此雖各人所害爲小，而我所得非義之財爲多，其所得過貳錢以上者，若不還即有重罪，必宜還人。倘難瑣碎分還，有三路可行。一、共還各人，如賣貨物，或便宜補還，或價外增其些微。若不知其人，當施於人。二、付衆公用。三、捨貧窮。

竊人微物，果係窮病饑寒，無別路營生，私取人餘贍之財，以捄生命。此乃出於萬不得已，不在偷盜例。蓋人之生命甚重，而人之贍財甚輕。況全生爲人本情，而濟困亦人本分。倘有餘物而不施於貧人，則此餘物不是己物，乃是貧人之物。貧人取之不是盜彼之物，乃是取公物於彼，故不謂之偷盜。倘貧人不是窮極抱病，尚有別路可以營生，止因懶惰，靠偷作活者，即是偷盜重罪，而爲此誡所禁。

子偷親財，其罪有辨。所偷以供妄用，如賭博宿娼等，皆爲重罪。倘買要用物件，非是妄費，則無重罪。因親財終欲遺子，口雖禁之，心亦無甚關切。非如他人竊之，而心有憤恨也。

妻用家財，其罪否？亦有辨。妻與夫雖敵體，家主畢竟屬夫，不宜擅用。但家有餘物，又係宜用，如衣食脂蠟，育子拯乏，顧親睦鄰等，酌家貲厚薄以用，俱無罪。因丈夫慳吝不用所宜用，而我私爲用之，雖逆夫志，亦非專擅，乃代夫用所宜用，故無罪也。

所拾財物分三等。一、物本無主，如寶玉等，或得之江流山石，此即我爲主，而我自用之無罪。一、物原有主，因世遠失主，或於曠野荒井處偶遇有器皿類，此亦即我物用之，亦無罪。一、物現今有主，但不知屬何人。如金銀衣畜等，拾得者宜細查其原主，或粘票或訪問。實得其主，即宜還之。倘執不還，或還而執其半者，皆爲有罪。若細查久不得其主，用之亦無罪。但能分施貧人，則又高人一等矣。設此物已用，延隔歲月，後有其主尋取原物者，即不還無罪。苟原物猶存，雖久亦宜還之。若在初時，即不求其主，而貪其物，故意留爲後用，即犯此誡之罪也。

買盗者之物，受盗者之餽，其罪有辨。凡買與受時，實不知其盗來，均無罪。苟明知其爲偷盗，或其人可疑，其物可訝，似有偷盗憑據，俱不宜買，不宜受。倘買之受之有罪。因盗者非此物之主，不得以本非其有者賣贈他人，而我得來，亦非此物之主，即不得執爲己物。若明知有原主，不還有罪。不知其主，當稟鐸德，或捨施或別立功，至後原主來尋，不還亦無罪。

買盗來物，前質不知向，後方知，若此物仍在宜還本主，不還有罪。或及知時，物已用去，或已轉賣他人，而只得本物原價，如前以若干錢買是物，後亦以若干錢賣之者，不還無罪。苟我買時，係若干錢，而賣諸人又多其價。此分外之財，宜還本主，不還有罪。蓋還人物，其原由有二。一、我致人傷貲敗産，如創局駈騙、欺瞞搶奪等，其人所破之財，不論是我得，不是我得，亦不論其物在我不在我，俱要補還原主。不然，即有重罪。一、係他人財物，而強留在我者，如留偷盗之物，與受寄託之物，或借貸人之物，其物雖在我，終不得爲己物，歸之原主宜矣。不還即有罪。

有假手致人傷財，我雖未親害親得之，總宜補還其人，不還有罪。此有七端。一、屬命令，如有權勢者，命人或相爭鬪，或相竊攘，或爲搆詞，而人遂依我命是也。一、屬造謀，如有欲害人者，尚未得策，而狀師代爲創詞，朋友代爲贊助等是也。一、屬阿順，如親順子，主順僕，而不懲阻之，任其所行以害人是也。一、屬諂媚，如其人原未嘗有害人本意，因我稱他有力量，有計謀，其人遂驕而發惡念，以逞其技是也。一、屬隱匿，如盜賊隱藏在家，使彼恃我明目張膽，而無所憚是也。一、屬分贓，如收賊贓物之類是也。一、屬容奸縱惡，如官長權能禦害，乃聽其害人，而不禦是也。以上七端，雖非我親害親得，但實我所致，倘對手者，還其所失之財則可。若不還，我俱當補還之。不然，有重罪。

還人財物，理固宜然。但實無力可還，雖未還，無罪。只要心願定還他，因罪原於能爲而不欲爲，我無財可以自救，安能還人？既力不能還，又安得爲罪？然此有三等。一、是實係赤貧，即未還無罪。一、是財足養家，但無剩餘可償，此救己爲急，還人爲寬。倘其人更貧於我，亦當捐多寡以濟之。惟彼富足於我，即姑待未還，亦無罪。一、是我雖有餘物，但負人多財，力難全償，必須自己省用，今姑先償若干，訂將來湊完可也。若能還，而故稽延者有罪。凡奉教人當明白此理，不可瞞過鐸德。假如貧人爲我作工，而我不還其工，或故留所不宜留之財，我雖解罪，而終不得赦。聖師奥吾斯丁云：吝所能還之財者，天主亦吝赦罪之恩也。

賣者乘時增價，買者從中減價，其罪有辨。凡此計有三等。一、非常用之物，如寶玉古器等，原無定價，倘無欺瞞假造等弊，兩家情願，約定價數，即是本價，不謂之私增私減，此爲無罪。一、是常用之物，如粟帛魚鹽等，準以時價，依價而行，即無罪。或物少買多，價因之略重；物多買少，價因之略輕；又或總買而入，則平其價；分買而出，則加其值，俱無罪。一、是貨物于起本處，時價是賤，而賤買來。到發賣處，時價是貴，而貴賣人無罪。若總在其地發賣，不依時價，此賤彼貴者有罪。蓋商賈爲業，挑運艱難，路途煩費，只爲求利。故得物利息，非可謂罪，聖教不禁。惟若私造假物，混用假銀，權衡斛尺，故意爲輕重長短，或朋本分錢不均，並售不宜售之物，如紙錢邪書毒藥等，俱屬害人，則有重罪矣。

以銀取人利息，其罪宜明。凡賣人物者，受人價。我得物價，人得物用。物與用，原無二價也。設有受買物之價，又取用物之錢，是一物而受兩價，非理矣。今以銀貸人定其數以出，即依其數以償，宜也。苟于償足原數之外，又取其利，是謂借我之銀，宜償本數；用我之銀，又宜還分外之數。不甚悖理乎？悖理非罪而何？但以銀借人，亦有兩説。一是囊中剩餘，未嘗定意要將此物貿易利息，雖久藏不能銀自生銀，以此借人，不得取利。倘取之，是乘人之迫以圖利。貪之根，罪之藪也。一是囊無餘錢，僅有幾何，定意要貿易利息，借於人，便失己利錢，則於本銀之外，受其利。此不過補我所攢之錢,我濟彼用,彼補我缺,亦有何罪?故凡借去之銀,或已失其本業之利,或因借而已受害者,取人利息,俱爲無罪。然則息多寡,尤當稟明鐸德,酌量而取可也。

或謂生銀我欲得應其用,彼爲得利之益,兩願相濟也。苟禁取息,誰肯以無利之銀貸人濟急,亦阻貧人應急之計,似悖愛人。不知聖教取利禁之,爲閒銀也。正開愛人之路,免貧人利息之加,動富翁不忍之念,奈人違情貪吝,不肯以閒銀借人,惟恐利之不多,斯非所禁有未善,乃人不能盡愛人如己也。故聖教正規宜禁。若富者不肯空貸,貧者願償利息,罪豈在貧人哉?

以五穀生人,而取利息尤有辨。五穀與銀不同。有時價貴賤之分,亦有乾濕精粗之别。畢竟賤於冬成,貴於春夏。如于春夏時,以若干生人,值價若干。至冬成宜取其原價之穀。倘冬價倍於春夏,則我若干穀,而受人倍價,亦不爲罪。因數雖倍,而價則同,非取分外之利,乃取春夏本價也。至於所出爲乾,所入爲濕,所授爲精,所償爲粗,酌中增利,亦是補我之缺,又何罪?惟不依公價,而過增利,與權衡不平,違心欺隱者,有重罪。更冬成議價時,或以銀還,亦宜收之,不當執以穀還。但此中議酌,當稟過鐸德。

賭錢之事分三，一無罪，一小罪，一重罪。一如所賭係微物，止爲開心片時，此無罪。一是廢工多時，且有小忿，有閒言，有貪微利之情，皆有小罪。一以賭爲生意，不盡本業，而破家蕩產，妻子無養，更致被害者，怨恨不已，爲此即有重罪。又有放頭者，不顧人害，止貪己利，亦是重罪。

賭來之物，有可得的，有不可得的。如兩家以自己財物現賭，無欺心巧計，此爲可得，不必還他。因此財自主，與他人無干。且勝負靡定，或彼或此，非我可必，但賭時則有廢業之罪。其當還人必不可得者有三。一、對賭者之財，非他自有，係竊公物。如兄弟未分物，一或朋本作生意等。若得之，宜還原主。一、彼原未精其事，而我局賭騙之，此亦宜還他。一、放頭出少入多，明係騙人。除自己實出本物若干，外餘俱係非義利息，宜還失主。不然，皆屬偷盜重罪。

官司審事受賂，亦爲此誡所禁，不可不慎。蓋君爲國公父，分其權於有司，以助牧民。故有常祿以養其身，使不取於民也。乃審事必受其賂，或爲成義乎？或爲背義乎？如爲成義也，則爲民公斷，是其本分，何得私受？俸祿既受諸君，賄賂又取諸民，不猶一工而得兩值乎？如爲背義也，則得所不當得，不盡本職，一重罪；貽害他人，二重罪。故當知所得爲成義的，此財宜還原主；若爲背義的，其財當補受害之人。更餘若干，亦當以施貧人。因此財非官司所宜有故耳。倘原主既受其益，亦不必還，或他人未受其害，亦不須補，則以全施貧人可也。

有説情所得的財，亦有可不可之分。若此人有理，而被他人屈害，託我講情，官司果依情公斷，得他些少謝金可也。因我實有功勞在彼，又要常與官司往來，始有此情。我受其金，以補我費，非虛得矣。何罪之有？倘此人非理，求我害他人，致官司狥情不公斷，所受的財，爲不義，即有重罪。其財宜還他人，所受之害，不必仍還原主。故凡教中遇有此事，當再三詳察，兩家孰是孰非，不可愛財妄動，因其情非情，乃爲罪。其所得財非財，乃爲不可用之財。既不可用，又何必妄得哉？推之，凡衙門内泒夫分糧等，若不憑公貽害他人者，與上同例。

天主顯有聖蹟，以懲犯此誡之罪。泰西有一位鐸德，默想時，忽有天神攜他觀地獄受苦狀。因見一人，横仆火坑，腹中生一樹極大，樹枝有無數男女，倒懸其上。火焰灼於滿樹，各受其苦。而屬根之人之苦愈重也。鐸德駭甚，問天神此罰爲何？答云：那生樹者，係一族根宗，在世積蓄多少不義之財，以遺子孫。奕葉相承，俱效乃祖之行。故上主罰之生樹根於其腹，而各枝以其子孫懸之。此亦是借像而罰。惡從一本，害延千枝，同根之侶，受罰不遺也。言訖不見。由此觀之人莫不欲聚財以蔭後代，孰知不義之種，自己遺之，而子孫效之。在世金穴，不知歸於何處？究培得地獄中，一團火樹，群相號怨也。則何益哉？

聖教明徵卷之六終

聖教明徵第七卷目録

十誡畧於九誡

聖蹟

十誡總結

聖教明徵第八卷目録

釋罪之患

人宜速悔

目録終

聖教明徵卷之七

泰西傳教會士萬濟國著

八誡第十七章

言語之失甚多，以言獲罪於人亦不少。雅歌伯聖徒曰：口舌人身一小分，其貽害爲最大。如大舟之舵，止一小木，而爲一舟之行，左右週轉行動之所係。故舵師恒正之。人正口，當如正舵也。前誡既禁行害，此宜禁言害。故曰毋妄証。總欲言之不妄發。妄言歸於四端。一説謊，一虛証，一毁謗，一讒譖。四者俱爲此誡所禁也。

何謂説謊？不依乎心之所知，而妄發以瞞人是也。此又分三：戲一、飾一、欺一。戲者，乃時出笑語，顛倒真假，以謔他人，無益無害。飾者，或爲人己之得益，每有所恢張，亦非有所害。二者皆有小罪，因其雖無大害，亦未免言不由衷也。聖奧吾斯定曰：爲我出一妄言，能救萬民靈魂者，亦不爲也。因其將非善以成善，不可以也。至於欺者，乃害人與己之身靈。或妄稱聖蹟聖經以惑人，或憑空架説，以損人財名等，此爲重罪矣。如發言時，内定爲真，而事忽假，雖假亦不爲説謊。因假在意之外，而意本不欲瞞人故也。發言時，内定爲假，而事偶真，雖真而實是説謊。因真在意之外，而意本欲瞞人故也。

有人問我所知之事，我明知而答爲不知；借我所有之財，我實有而答爲無有。此似爲説謊，然亦有辯。所問之事，屬人與己密事，本不宜傳者。所有之財，止足自用，不便於借者，我答云不知，答云無有，何罪？但答時心要定此事，止爲自知而不可令彼知，此財止爲自用，而不足分人用，則外言依我内意，斯無罪也。更有問我所不宜問之事，我雖知，爲之委屈遮飾，亦非説謊之例。

諂惡乃屬説謊。此犯重罪者三。一惡原可惡不可好，諂之爲失其本性之罪。一因我媚譽，而致彼樂爲，是害其身靈之罪。一因我媚譽，而愈致彼害人，是助其不愛人之罪。聖熱路厄摩曰：諂人之惡，是與以明悟之塵，而蔽其光，因致他不以惡爲辱，而以爲榮，乃開其便於行惡，故有重罪也。若所謟之惡爲小，而所致之害爲輕，則罪亦輕焉。

讚善之説有三：一虛讚其所無之善，一過讚其不稱之善，一實讚其本有之善。虛讚、過讚，明係説謊，則皆有罪。因致他生自足自誇之念也。亦有意欲成人之善，間爲此褒奬激勸之，仍不足致他生傲，此不特無罪，而反有功。至於實讚，本爲無罪，然亦不可當面讚之。蓋彼爲大德者，受我之讚而生恥，小德者受我之讚而生傲。經典云：勿讚現在人，留待死後讚。可矣。

稱己之善有二：一稱所未有之善。此明係説謊，而犯此誡之罪。一稱己有之善，或爲勉勵他人，以身作表，則無罪。若止爲讚己，是自誇矣，則有罪。經典云：讚己出於其口，斯爲賤讚也。至讚自己之惡，不拘未有已有，皆有罪。依其惡之大小，成罪之輕重焉。有人爲謙讓故，揚自己之惡以敗名，似是善意，然亦不宜。蓋人之愛名，如愛財焉。財與他人無與，止爲獨有者，可隨意散之。若係公財，不可任私爲用。其于名也，亦然。聲名之獨關一身者，成敗可以自主，爲得謙益，而故去虛名，斯可爲也。若我之名，關於他人，如父子夫婦聲名美醜，利害相爲聯貫，原不可貪自己私利敗己名，因敗他名也。如父名敗，而子名亦敗等是也。又凡用私財於人，本欲利人，不欲害人，用之有害。如助其行惡之資。寧留勿用，其於用私名也，亦然。如我自敗其名於人，而人能效我之謙，可也。或人因而致疑我亦有此惡，反效我之惡，是貽害多矣。此實有罪。且有人爲至謙故，而誣揚己所未有之惡，此罪愈重，因不可貪謙名，而犯妄証也。

何謂虛証？虛証有証於私的，有証於公的。証於私者，乃向人前作旁証，如侮慢彼人，証其本質所有之缺，且挾私証他所行之惡，致他羞恥怨怒，皆爲重罪。如所証又非實有之事，罪則愈重。証於公者，乃在官司前作干証，此又有三等：一密事，一顯事，一虛事。密事是我所獨知者，官司問時，或此事關於衆害，則宜明答，以得其公益，不答有罪。或事止關兩家，則不宜答，當委屈遮蓋之。因官司之問，乃其所不宜問也。顯事是爲人所共知者，官司問我以便斷罪結案，我宜直証。雖致一家有害，然公義公法所關，未可隱諱。我若不答，致其罰不加，其惡無懲而公害莫除，反爲有罪。如我實知所被証之人，後有重害於我，則欲免己日後重害，不直答亦無罪。因我之避害爲先，他人之受害猶後也。但此事獨係我一言，即爲衆人去害得益，雖知日後我被傷害，亦宜直答。因免衆害爲先，免己害又爲後也。虛事乃爲無一實者，或明知事爲虛，而竟証作實，或非明知事爲實，而直証爲實。此皆有重罪。因官司審斷兩家是非，視于証一言而決。若以虛爲實，致官司真假混斷，皂白不分，無理者倖免，有理者枉陷，且有不獨貽兩家私害，而更有關於衆人公害。果爾，若無可謀別的善計斷，當再向官司前補証其實。雖因此受罰，亦所不辭，以此罰乃我自招之也。

何謂毀謗？背後説其過，以敗其名是也。經典云：美名過於豐財，損人之財有罪，損人之名豈得無罪？此罪總歸於二：一、爲犯義，一爲犯愛。犯義者，如傳人密過，與所未有之惡，皆不宜傳而傳者，此宜補還。犯愛，如説人顯惡，爲衆所通知者，此非誣他，不必補還，但失隱惡愛人之心，亦有罪。而別其罪之輕重，則視事之大小焉。然所謂顯惡，不必補還者，又有分。或經官司既斷其罪，敗其名，我乃傳之，此非犯義，不必補還。或有他方未知其惡，而我傳之者，又爲犯義，而當補還。因其人在此無名，在彼尚有名，我傳之，不並敗其名於彼乎？或有惡爲衆人所知，而我未知，止聞別人傳説，此或實或虛，我宜詳察，不可輕傳於未知者。若傳之，則屬實者爲犯愛，屬虛者又爲犯義，又須補還矣。補還之義，如所傳虛事，我宜於受聽者前，明説我先所傳某人之事，係我妄言，非果有此事，你不可信。若他仍疑，又當發誓以實之。若所傳密事，亦宜於所受傳之人之前，説我先傳某事，係我不是，你不可信之，亦更不可揚之。尤宜人前，時稱讚其美，以補其名。或我係尊大者，倘如是補還，自証其妄，則名已敗，反大於受敗之名。又覺不便，則止以他美事，時稱讚之美，補之足矣。又有毀時已久，聽者或忘，若提起此事，不幾補人之名，復敗人之名乎？此不必補還。若聽者再提此事，仍宜照前補還。

實知人之過失，我不足以戒止之，傳於其父母師長知之，以責其失，免其後犯，此爲無罪。因出於愛人，不得已傳知，欲他警醒遷改也。若我既明知彼回心定改，且背地能力勸其回心定改者，即不宜傳於其父母師長。傳反有罪，爲此乃故意敗其名於所未知者，而致其受責辱也。更子弟敗父母師長之名，其罪愈重。即父母師長，亦不可無故過揚子弟之惡，以敗其名。

有知人之過失，憐之憂之，相與議論若人何以有此舉，今有何方法可以阻其行。此非毀謗，實出愛情，則無罪。若不出愛情，或有私恨，而樂道之，或以爲美談而戲言之，俱有罪。倘有一等人，自喜傳其醜事，而我傳之，又非毀謗之例。

聽人毀謗，不可樂其傳，而喜於聽。如告者分卑於我，我當以正言阻之，不阻有罪。若告者分尊於我，非我所得直阻，或與我同輩，力不足相阻，亦宜發愁容，以現其不喜聽之意，隨以他説遮蓋之。經典云：愁容止謗口是也。不然，則毀者、聽者，皆有罪矣。

何謂讒譖？言人過於其所愛之前，離間其愛情是也。人之本願，皆欲爲人所愛，不爲人所惡。今譖以離間之，乃奪其愛，而失人之本願。此罪更重於毀謗。蓋毀謗止傳其過於所未知者，以敗其名。讒譖則傳其過於所相愛者，以奪其愛。故聖人論譖人之罪，遠天神，而同魔鬼。何也？天堂本所，無一不相愛，天神恒欲人相愛；地獄本所，無一能相愛，魔鬼恒欲人不相愛。今以譖人爲行，豈非魔行哉？

人有相愛非其正者，我譖其所有現過，以致相疎，此爲無罪。因不正之愛爲罪，我離其愛，乃爲離其罪。既爲離其罪，即是愛其人也。又有我明知此人行事，後足以貽害於彼愛之者，而溺愛者不知，我借譖使之知，亦爲無罪。因不善之交有害，我離其愛，乃爲免其害。既爲免其害，亦是愛其人也。若有私意，欲疎彼以親己，此即有罪。

有進妄証之罪，而惟在於心內，如心中或有猜疑決斷他人之過，而生欺侮之意，不待之如前，雖止在心，未露於人，亦謂以思敗人之名。然此亦有分，或得之耳聞而疑者，如聽一忠厚之人，傳某人説某人之惡，我疑之爲莫須有，此爲無罪。又如聽一有德人説一素行不正者作盜賊，心未定爲實，而因其有作盜賊之據，我疑之，亦爲無罪。倘所傳非其人，而所被傳者，又非小人，妄疑之，則有罪。或得之目見而疑者，如見一人乘夜入人家，我疑其非奸即盜。若本人果係不正者，爲無罪。倘素無醜名者，輕疑之，亦有罪。至於斷，則必眼親見而後可。即係忠厚有德者，傳説亦係他親見，而後可。不然，即有罪。更有一類，傳其是者有據，傳其非者亦有據。止此一人之行，而是非之傳之據各半，便當靜止吾心，不可偏爲疑斷。倘偏爲疑斷，恐有敗被傳者之名，未免有罪。

天主嘗顯聖蹟，以明其果有罰犯此誡者之罪。泰西有一聖人名那兒西鎖者，德至高，常欲阻人惡，不畏强禦，皆懲之。時有三惡徒，爲憚其責也。乃先設一醜事，誣之於大衆。又恐不信，因各矢願以實之。其一云：若我有妄傳其事者，自頂至踵，皆發毒瘡。其一云：我所言非實，即爲火所焚。其一云：我倘虛謗，兩目失光。但聖人高德，素爲大衆所服，縱巧謗總無信者。而聖人仍入山三年，隱修以避其口。未幾天主降罰，各如其言。彼言生毒者，遍體發癩；言彼被火者，中夜忽有火躍其家，舉家悉爲灰燼；而言失光者，見如此顯罰，即警覺痛悔，向衆以補其所言之誣，明言二人受罰之驗，且自苦重罪，流涕不已，目亦瞽焉。然雖罰依其自言，而卒爲善士矣。噫！毁言易施，主罰難逃。君子觀前二人，可爲妄證者戒；觀後一人，可爲犯罪而知悔者勉。

九誡十誡第十八章

言之害人既多,思之害人又不少。他誡之思,屬於犯行之禁。凡不宜行,即不宜思。此又禁財色二思,因財色更易昏人心,故於六誡七誡之外,特立九誡十誡以禁之。曰毋願他人妻,毋貪他人財物。蓋財色不獨不宜妄行,又不宜願與貪。舉私情邪意,在所必制。嗜利忘義,在所必絕。色念總歸於四:一有功無罪,一無功無罪,一有小罪,一有重罪。財念總歸於三:一無罪,一小罪,一重罪。

何謂色念有功無罪?凡邪念之起,皆由身情所誘,明司知之,愛司允之,始成罪焉。此則發而即知,知而即克且絕。其愛司不但不允所思,而更專力逆之。雖邪念在明司常現,而在愛司常克。愈克而愈有功。如猛將禦寇,不許侵城。任寇常犯境,愈禦則愈立功矣。故人遇邪念起時,能心中加嫌,而不思戀,每盡力克之。或念即起即滅,或滅而復起,起復旋滅,常常如是,皆有功而無罪。因罪不成於起念之時,而在於樂想之際。功亦不關於無念之初,而關於克私之候也。

何謂邪念無功無罪？偶起一念，未覺其事，未愛其樂，倏忽過去，如人趨過吾前，實未分爲何人也。此則明愛二司，未行其本職，豈成爲功罪乎？故夢間所起邪念，若睡先未有所想，睡後未致其樂，亦無功無罪。蓋睡時，明愛二司不行工，而睡時之行動惟係内司所發之亂像，而内司原不成功罪也。

何謂邪念有小罪？此又分二：一念起久不及察，雖未覺所思爲有罪。若覺必即絶，但久不及察，亦未免小罪；一偶覺而愛司固未全欲之，止有些遲疑未決，乃不速絶，又未免小罪。聖人云：火星入衣，若不即拭，衣必受燃。邪念之火，甚易燃心也。可不慎乎！

何謂邪念有重罪？凡邪念之起，明司知有重罪，愛司允之，故意留懷念而樂想之。雖定不欲行，已成爲重罪矣。又即邪念偶起，而非其本意所致。但起後至於欣然留懷之，則非偶然，故成爲重罪矣。吾主耶穌有云：見婦人而心樂想者，行淫之罪已成矣。

邪念之起有二：一、是三仇所引，肉身、魔鬼、世俗爲三仇。此起不起不在我，非我有功罪。但起後而克之權則在我。故克之爲有功，不克爲有罪；一自己所致之由，而又分二。一我因行宜行之事，如行醫讀書等，偶動邪念，則不必去所由來之故。如行醫與婦人診脈,讀書而遇風情之篇,偶起邪念,當不必留懷。豈因其有邪念,而遂不行醫、不讀書乎?當去所留懷之意,因我所行之事,爲本業之善事,而此念則在本業之外也。一因我視聽言動所致之由。如看戲笑謔唱曲等,起有邪念,常留懷其中,則宜絕所致之原,不絕爲有罪。以此等常易引我邪念也。夫人兢兢内守,猶恐邪念之未必絕,況加以招邪念之引自甘,可絕其邪念之大害乎?聖人云:諸德之功,宜近仇,如欲成謙,當近侮我者;欲成愛,當近害我者;德之功,寧避仇。信哉!

或有邪念之起,明司既知,愛司不戀,而亦不克,似無罪。不知人非聖人,未免德行庸劣,斷宜慎此。知當即克,不克容邪念久顯明司之中,恐愛司忽至於允也。譬如賊在門外窺伺,宜速閉門,以免其害。我若防閑不密,賊即乘而竊入矣。此不即克,豈得無罪乎?至若大聖人每輕賤此事,心中堅忍,不畏邪猛,寧死不敢大犯主命,則任此念之去來,或無罪也。譬我之勇能勝賊,雖不閉門,亦何害哉?但我人寧可防於未害,不可悔於既害也。

或有鰥寡人,故意想前此夫婦正情;未完親者,故意想後此夫婦正情。或想爲生子傳後,或免陷偏途。此似無罪。然倘想時,即動慾情而留戀之,如親行一般,則有重罪。因此非但想前後之正情,乃是現今而取其樂矣。大凡此樂,不但爲夫妻親在一處之時，斷不宜取。即夫婦相隔一方者，亦可類推。

邪念之來，所最猛而難制者，莫如肉身情慾。昔人比肉身爲家賊，魔鬼、世俗爲外賊。外賊易避，家賊難防。因此情長隨在身，死而後已。故魔鬼常用此家賊以便害人靈魂。然亦有多聖人得勝其敵，而免其害者。其方法總歸於二。一嚴諸外，一克諸内。嚴諸外者，如五官乃招邪之門，進像明司，易摇内情，謹守此門，視聽言動無妄。使邪像不入，則邪意無由起，而内情平静矣。又飲食爲資慾之薪，豐養過分，慾火必熾。謹節此薪，常持齋戒以清心寡慾，則薪去火必滅也。克諸内者，一念之起，内司必覺，方覺之始，即克之，無使潛長。蓋克於始猶易，而制於後則難。如始燃之火易滅，及至燎揚，不難絕乎？當此之時，宜致勤念以克之。或思日用本業，作爲不暇，則逸念自消矣。宜致畏念以克之。或思嚴主授罰，永苦難堪，則肆念自止矣。宜致愛念以克之，或思慈主救贖，永福可望，則貪念自去矣。至我力量不足，則求主助佑，又求聖人聖母轉達。且常解罪，領聖體，聽講道，覽聖教諸書。凡此皆生善念之原，療惡念之劑也。

何謂貪財之念，一無罪，一小罪，一重罪？如爲本業，願得所宜得厚利，或貿易要地，以便好價蓄積美貨以待時價。雖營逐於財，原無騙人之意，亦非欲得非義之利。此爲無罪。如願偶得財物，或思道路拾遺，或思富家送贈，或思大賈，而腰纏萬貫，或思爲官，而祿享千鍾。此雖無害，未免虚想，亦有小罪。至於日夜希圖，願得不義之財，如或思設計以車捲其物，或願人速亡以早得其業等，則皆有重罪，而犯此誡之命也。

貪財之行，多於貪色。故七誡詳列其事，而六誡猶略。貪色之念，熾於貪財。故九誡詳列其病，而十誡猶略。至於樂想留懷之害，明愛知允之情，財色兩念，實可互照。觀者善於會通可也。

此兩誡，天主亦顯有聖蹟。一以見制邪念之法，一以見罰貪得之心。泰西有一位脩道者，偶遇一美婦，初見之，原未動心。後邪魔設計，常用那美婦之像，現於其明司，以誘其邪念。雖其心不爲之擾，亦未免摇動不寧矣。未幾婦死，脩道者聞之，訪其葬處，即乘夜到墓所，開其棺，將己衣幅向朽屍拭之，得其穢氣而歸。後有念起，即以所拭衣幅向鼻聞之。因對己云：爾前所愛者，非即此可醜者乎？如是者數次，那念頭不覺冰釋矣。噫！生前妖冶，總作死後朽屍。特人不將心裏方幅一拭耳。善哉！聖人得藥治邪之方也。

上古又有一人，平生耑意積財，雖家有餘，止欲人財歸己，不欲己財捨人。一日猝然而死，親友不知其故。請醫家剖腹觀之，泰西人猝然死者，原用此例，遍觀五臟，其心不在。衆駭之，因進内，開其藏庫觀之。忽見一魔如毒龍狀，坐金寶之上，將其心剖分碎折。魔語衆云：某者之心，久賣與我矣。此財物非其價值乎？財前任伊積，心今隨我剖也。衆皆戰慄而退。可見人心爲財所迷，財非己有，心爲魔得。可畏哉！

人肉身犯法，則有國律以治之；靈魂犯法，則有天律以治之。十誡者，即治靈魂之天律也。立自天主，傳自聖人，條例森嚴，難以漏網。故國律能罰人所易見之罪，天律能治人所不易見之罪。君子懷刑，正爲此也。小人不畏，其能逭乎？以上逐條分罪，何啻律例之篇，而末隨以聖蹟垂戒，無非欲奉教者之知所趨避云耳。

聖教明徵卷之七終

聖教明徵卷之八

泰西傳教聖多明我會士萬濟國著

罪宗第十九章

上列十誡，乃爲天主聖旨，亦係聖教直規，故人思言行，合此規則有功，不合此規則爲罪。然罪之根，又有七端，謂之七罪宗。今當詳列之，以便認罪。一曰驕傲，二曰慳吝，三曰迷色，四曰嫉妬，五曰忿怒，六曰貪饕，七曰懈惰。

何謂驕傲？即是自尊滿足，誇己所有，過於其本情。此總分二等，有謂全驕傲者，有謂不全驕傲者。全驕傲者尊己之極，而直直不順伏天主治世之旨。此爲極重之罪，與魔鬼之傲罪同等。因真不伏其旨，即是欺侮其尊貴矣。此又分四支。一自誇而思所有之好美，非天主所賜。若是即爲背主恩而不報之，不認之也。一自誇而思其所有，皆己功所致，不由主寵而來。若是即爲辜負大主厚寵之恩。一自誇而思他人所受之恩，皆不如己。若是即爲輕忽天主所降於他人之宏恩矣。一自誇而思己之功效全滿無缺，不必慮所未有。若是即爲侮玩天主仁慈，不待伏祈未有之恩，以望得之，乃自足而如己得之者。四者俱爲重罪。但此罪難認於其所發之念。今當即所行之驗，以便認之。若有人常受主恩，而不記憶感謝，如未受所有。此乃驕傲第一支之驗。保琭聖徒曰：你所有何一非所受，竟誇如未受，何哉？可見喜誇在是而傲意顯矣。若有人安樂過日，不憂能失所有之恩，或偶有苦，即怨天主爲不允所求。此乃驕傲第二支之驗。蓋人無功能當主恩，凡有所賜無非格外。彼且想這等事皆屬當然，非天主格外所賜。何傲如之？若有人常欲受恩，異於他人。其若頻揚而難忍，其罪頻掩而不計。見人之小失，謗爲大；見人之大善，謗爲小。此乃驕傲第三支之驗。因其常欲人以我福德惟爲大，而不欲他人均之。若有人不驚慮後世之事，不專務於悔罪克己等功，優游過日，如同睡夢。此乃驕傲第四支之驗。因其妄擬雖無功，亦得常生，而我爲天主所最愛者，不必盡力立功也。凡教中欲明此等重罪，宜詳察其所行之驗，便知其内之傲情也。不全驕傲者，人雖自足自尊過於自大之情,但非不欲伏天主,亦非不欲伏當伏之人,並非輕賤他人。此皆爲小罪。凡此等驕傲之驗,如待人徑情不憐其苦,且不忍耐自己所遇的苦,更不欲受人之辱等情,皆爲尊己過當。惟因本情所發,無有輕主慢人之意,故爲小罪。然傲根未絕,每多阻受天主之恩。經典云:上主逆制驕傲者是也。雖所得之害,或爲小,但其所失之恩爲多矣。至於認己爲聰明才智尊貴,但知以此等歸於天主,則非驕傲之罪,乃其真有而自認之也。若必讚己,而侮慢他人,即真有,亦屬有罪。故人惟當敬主愛人守謙以立功可也。

何謂慳吝?即是愛戀財物過分,至宜用而不肯立功。此非財主,實爲財奴。因非財奉我,乃我奉財。故聖人曰:慳吝者所有非所有,以其用如無有焉。慳吝分於二。一爲犯義,如欲得不宜得,或留不宜留,與不捨所宜捨。此皆有罪。一止爲愛財,願藏積豐厚,惟恐或減,毫不肯用,且受多勞苦,耑意生殖,雖既足更望分外加多。此亦有小罪。若爲財不守誡,不顧身靈受大害。此爲重罪。又須知儉與慳大相異。因儉爲德,慳爲慝。故有人節省不濫,當用則用。此非慳吝之罪,乃是儉德之功。

何謂迷色?即是過戀慾情。此詳見六誡之行,九誡之思。兹不必贅。但須知夫婦正色亦有迷人過於當。故有時爲功，有時爲罪。功者，用此情或以繼嗣延後；或以治滅邪火，免犯偏途之罪。此則有功。罪者分二。一爲重罪，一爲輕罪。重罪乃係色慾過分，不顧生命以致重病。或行不如常，如將女作男，或阻生産之路，或致墜胎。此等雖屬夫婦，而意不正，行已偏，皆有重罪。若行止爲得樂，而無他意，但其行非本行，亦有輕罪。故所謂色之正者，必需婦意行三者偕爲正，則始爲得正之全也。

何謂嫉妒？即是心中不喜他人得有恩寵財位等，而思阻其得。此分於二。如不喜人得福，惟要如我之未得。此爲重罪。或嫉妒而非故意人得小福等。此爲小罪。若發於愛人之故，不喜人無功得福，或其人得此位，即有人受其害，或因人之得引我困苦。此又非嫉妒之罪。若不喜他人得天主聖寵等神恩，此爲極重之嫉妒也。

何謂忿怒？即是七情之一，而願酬彼人當受之罰。凡人七情，當從理發。若依理而行，則無罪。至理爲情蔽，惟任情而行，則有罪。故論忿怒之情，使由理發，怒所當怒，此爲義怒。何罪之有？惟不依理之忿怒，願人受不當受之罰。如依其罪，止爲受責，我願他受重刑。或依罪當受死於官司，我恨而私使人殺之。或其罪即當受死，我怨之非爲成義，獨爲私仇。與凡怒心過甚，大動怒形，如厲聲辱罵等。更因發大怒，得罪於人，並得罪於天主。此皆爲不依理而怒之重罪。倘忿怒有少過分，或願彼人受輕罰；或發時不自覺等，皆爲小罪。至怒歸天主，則爲極重之罪。

何謂貪饕？即是愛戀飲食之味，以圖口腹之樂。或飲食不顧生命，雖知此物致有重病，而亦嗜之；或爲飲食不守當守之齋；或爲飲食而致忿怒行淫等。此皆爲重罪。或止爲得味，飲食過分，而非有他害，或爲飲食致小病等，皆爲小罪。

貪酒一節尤中國人所易犯者，教友宜詳之。凡造物主所生品物，以養人身，用之必有其節，以得其保養之益。苟不節用，至于過分，不但無益，而且有害。故用酒最爲宜節，不拘多寡，依人之量而止，不至昏迷，即無罪。倘過用不節，以致心昏神迷，不辨人倫大小，不知事物次序，并不顧言語顛倒，是其行非人之本行，其言非人之本言，此爲重罪。倘醉若此，即不胡行亂語，止自安睡，亦有重罪。因罪在我故意欲昏迷明悟，及醉而明悟已昏迷矣。雖不胡行亂語，非無其根在中，只外無物以觸之耳。如有火不燃，非無火也，但未遇引火之料也。至於醉後發酒瘋打人罵人，其罪彌重。因此之打人罵人皆係先貪醉之罪也。若夫飲酒稍過，面紅情爽，笑語自便，明悟實定而未昏迷。此止有小罪。又強勸他人酒醉昏迷，亦有重罪。因我止宜勸人立功，不宜勸人做罪。今致人以醉成罪，其原實由於我，豈非我不愛人之罪乎？余竊怪中國人不忽醉爲罪，殊非合理。試看人大醉後，其行如何無羞恥，無驚畏，去禽獸不遠，良可惡也。何得無罪？泰西不特醉爲罪，亦大敗聲名。故駡人無他最辱者，惟酒醉即爲辱人之極矣。

何謂懈惰？即是廢善功而懶于行之也。其義分二。一爲公名，一爲私名。公名者，乃槩係不樂爲善事。此兼教外俱有，故爲公名也。私名者，乃獨係不樂爲屬愛天主之事。此耑就教中言之，故爲私名也。夫屬愛天主的情在於我與天主相通。故愛天主之人，當欲天主所欲，不欲天主所不欲，必常想天國之事，願與天主相見相親，以享無窮榮福。倘背天主所欲，而不樂想昇天，此爲第一懈惰。其罪爲重。若不樂爲愛主之事，實不由於故意，止由於難行，以少得想此事，因少得行此功，乃多營逐於身世之務，此爲懈惰不行當行善功之罪。善功屬大者，則懈惰之罪爲重。善功屬小者，則懈惰之罪爲小。

重罪之害第二十章

前詳犯誡之罪，今宜明罪之害。罪有二，一謂原罪，一謂自爲之罪。原罪，即是元祖亞當首方主命，傲惡極重，延累世世子孫。因元祖如根，我人是其後裔，如枝根敗衆枝即敗，人性缺壞從兹始也。凡人從母胎中即染其污。此害爲無窮，人人俱染。又爲公罪，無輕重可分。惟入天主聖教而受聖洗，罪即得赦矣。自爲之罪，乃是各人所犯者，則有輕重之分。輕罪是雖不依主旨，而未壞愛德，不過稍阻善路，而遲於行，且其聖寵未失也。重罪，則直逆主旨於重事，犯此即失聖寵矣。故當略説其害。凡不懼其事者，皆由於不知其害者也。惟不知重罪之害，故敢於犯之。夫重罪之害分三，罪之醜，罪之罰，罪之患是也。

何謂罪之醜？凡所行循本性之常，皆屬善美可愛。所行屬反性之變，皆屬醜惡可惡。重罪原是反性，其醜又分爲三等。不愛當愛，而愛不當愛一；不羞當羞，而羞不當羞一；不畏當畏，而畏不當畏一。凡人犯一重罪，俱有此三醜之情。

何謂不愛當愛，而愛不當愛？我人愛司本向，原在美善，因美善本是可愛。愈美善，則愈可愛。無窮美善，則亦無窮可愛。倘愛非美善之事，即反愛司本向矣。人犯重罪時，背主向物。愛主之物，而不愛物之主，爲微利，爲虚名，爲穢樂，輕萬美善之真原，棄無限美善之真主。所得者至暫微，而所失者無窮尊貴。抑何酬也？譬如人爲得一塊爛土，而失萬鎰黄金，何醜如之？

重罪之醜，有顯於獲罪者，與所獲罪者，尊卑爲何若？獲罪者爲卑，所獲罪者爲尊，其尊必重。故小民獲罪國王，爲莫逭重罪，以國王之尊，與小民之卑相懸絕也。天主之尊無上，人之卑無下，兩者相去天淵。今以至卑獲罪至尊，其罪之重爲無窮重矣。況以獲罪報恩，尤反人之本情，而爲人情所共惡。禽獸之中，亦有知恩報恩，而不敢獲罪於所授恩者。人顧獲罪於天主，其報本之情，反不及無靈之禽獸？豈非不愛當愛之至醜乎？

今試略説天主之恩，以便人知獲罪於莫大恩主者，爲背本忘恩之醜，可乎？天主之恩有係乎夫超性，有係本性。係本性之恩有三，生、存、佑，是也。生者何？始賜我有其有。此有非塊然之有，亦非獨有，生有覺之有，而且爲有靈之有，又能享永福之有。存者何？造天地，以覆載我；造日月星辰，以照臨我；造禽獸草木，以養育我；並造萬有形之物，無非爲保存我有。佑者何？常扶助我人趨善避惡，更命天神守我。此三大恩，真不啻顧我如父，撫我如母。故人專意愛慕此莫大恩主，實爲本性宜然。即時刻不斷奉事讚謝以報此恩，尚恐萬不及一，而反加重罪以報之，是報恩主如仇矣。此非無情忘恩之至醜歟？

天主不獨有性恩，又有超性之恩。降生救世，贖人靈魂，此爲超性之恩，比性恩更遠也。蓋天主爲救我人以至尊位,接取人性,降生爲人,在世間三十三年,甘無窮勞頓,受千萬苦難,被釘十字架而死,皆爲人罪,以身立表而贖之。此恩又當何如報也?故奉教者,既信此等大恩,何可犯重罪,以負此莫大恩主?保琭聖徒曰:教友犯重罪時,即是再釘天主真子於十字架。此忘恩安可比耶?夫教外獲罪天主,其罪爲醜,因失本性之光。故如德亞國人,獲罪天主,其罪愈醜,因原知天主,又加古教昭垂,而故犯之。故今教中既信天主降生受難諸恩,又加天主盡流其血,爲洗除人罪,而猶日日增加重罪,如增加十字架,以釘天主真子。其醜比教外,與如德亞國人,更不可名言矣。

天主不但賜衆人公恩,又加各人私恩。各人試私下思想,從生至死,身靈所領之福佑幾何,所免禍患幾何,何一非天主之恩?所賜之福果難勝數,所免之禍尤習弗覺。若要知主恩浩大,當想我之罪,原足以致其罰。何他人所有諸凶惡,我俱未有,謂非天主免我乎?聖奧吾斯定曰:我不但欠所受福佑於天主,亦欠所未有之禍患於天主也。更古賢有言:我分作三我,各我爲天主的我,而我獨爲欠天主之我。何以言之?生存佑我,一我也。我身靈的有,全爲其所賜之有,而皆爲其有。如人受身於父母,子之身無不屬父母者。此一我,非天主之我乎?救贖我,一我也。我奪於魔鬼之手，而天主脱之。我陷於地獄之阱，而天主拯之。則我又全是天主賜以成我，如贖我於被擄，此身應爲贖主有者。此一我，又非天主之我乎？榮福許我，一我也。我甚微賤，天主備榮福賜我，則我爲其所統屬，如國王以高爵厚禄寵人，則人臣無不屬於國王者。此一我，又非天主之我乎？三我皆爲天主有，而我一我不足全償天主所授之恩。是我不爲欠天主之我乎？由此觀之，倘若人犯重罪，將這一我，溺於微利虚名穢樂，把天主所賜不但不還，且竊送與魔爲奴，是天主加愛於愛，而我以仇報愛；天主加恩於恩，而我以罪報恩，何無情之甚也。然則人可不知所用愛哉？

何謂不羞當羞，而羞不當羞？羞恥爲人之本情，足阻人顯惡，不許任意縱放。如鐵啣勒馬，不得妄馳也。若無羞恥，其行實非人行，如馬無啣矣。故人行非理醜惡之事，俱遮掩不與人知，爲免愧顔之苦。吾主耶穌曰：凡行惡惡光是也。但人行醜事於常人，或惡人之前，其無羞恥猶小。倘行於尊人，或善人之前，其無羞恥爲大。更行於有尊位、有善行，又有權勢，能罰惡者之前，其無羞恥爲愈大。何況人犯重罪，乃行醜惡於全善全能，有大權能、罰惡之天主之前？何等褻瀆至尊！此無羞恥，豈人情之本，而不爲可醜之甚耶？

人在主前犯重罪，不但褻瀆其至尊，而且致其義怒。蓋善可愛，惡可惡，此爲當然之理。況善與惡，不相投而相尅。故爲善者，不得不愛善，即不得不惡惡。其善愈大，其愛善愈切。愛善愈切，其惡惡愈甚。天主爲全善，則其善爲無窮善。無窮善者，不得不愛善至於無窮，即不得不惡惡至於無窮。故以無窮福賞善者，亦以無窮苦罰惡者。凡重罪之惡，與天主之善對。惟天主爲無窮善，能全知無窮惡。能全知無窮惡，即能全知惡之宜無窮惡。因全惡惡至於無窮者，人依信德當信天主無所不在、無所不知，其能爲全，其善無極。其惡惡至於無窮，則犯一重罪時，當何如羞恥也？乃可羞而竟不羞焉！亦思在人前尚羞爲其所見而不敢爲，而況在天主之前？何無羞恥一至此哉？夫不信天主在前，即非奉教人也。若信而不羞，非顛狂人而何？泰西上古有一淫婦，引誘善人，其人曰：你可攜我在密處行之。至房，問曰：你還有更密之地否？婦曰：無有密於此者。其人笑謂曰：天主在此否？婦曰：天主無所不在，怎麽不在此？其人曰：天主既在此，我何敢在主前，行在人前所羞行之醜？婦因覺而悔焉。噫！人誠能信天主無所不在如斯人者，又何犯重罪之不知羞矣。

何謂不畏當畏，而畏不當畏？敬尊伏權，而畏其怒，乃人之本情。若無有尊權可畏，或有可畏而不畏之，即便恣意行惡。故萬國莫不定一治民之權，以制其不敢爲惡。位愈尊，權愈大，刑愈重，因愈可畏。凡畏一國之尊之權，甚於畏一邑之尊之權。無他，畏與權相稱也。夫世君之權可畏，天君之權更可畏。世法有形之刑可畏，天法有形之刑，地獄火有形，詳見前辨，更兼無形之刑，愈可畏也。人犯重罪於天主，竟不知細讀何尊，輕侮何權，玩忽何怒耶？

天主之尊與權爲無對。經典云：皇皇之王，萬主之主是也。達味聖王曰：山雖高，嶺雖峻，對天主聖容前，悉消融如蠟。蓋言聖威之可畏也。故積世上萬國君之威權，在天主前，尊非其尊，威失其威矣。耶穌親對宗徒説：你怕世上權，爲其能刑我身也。夫刑我身之權猶可怕，能刑我身靈於永苦，其權不愈可怕乎？保禄聖徒云：聽耶穌之名，凡天上神世間人地下鬼，莫不敬畏屈伏。試思天神純性，無惡可懼，而猶懼天主之威權。邪魔受罰已定，似無猶可懼，而猶懼天主之威權。何況罪人有惡在身，將受其罰，而尚不畏哉？想天主之義怒愈爲可畏。蓋有施罰之權。若見惡不怒，或容我而不罰，即罰亦或輕，我可不畏。乃有權能罰，又有無窮義怒，怒則必罰，罰則必重，不愈爲可畏耶？大凡畏依罰，罰依怒，怒依惡，惡依惡，惡對善。天主之善爲無窮善，故惡惡爲無窮惡。無窮惡，即無窮怒；無窮怒，即無窮罰；無窮罰,當無窮畏。人即不能無窮畏,亦當盡心竭力,至於所能用畏之處。不然,不盡其本能而不畏所當畏之主,豈非醜甚?

人犯重罪時,試思天主在前,一邊現我人所受本性超性諸恩,一邊現所備榮福以賞善、永苦以罰惡。天主如與言曰:你所受諸恩,惟我所賜;我所受諸苦,惟你所致。你若犯此罪,我即罰之永苦;不犯此罪,我即賞之榮福。又想魔鬼亦在前,一邊現薄利虛名穢樂,亦如言曰:你任意犯此罪,可得一時身樂。乃斯人寧欲依其仇所引,不欲順其主所勸;寧欲得一時暫樂,而忘地獄永罰;不欲耐人世微苦,而失天堂真福;寧欲中邪魔偏意,而爲其奴僕;不欲承天主聖命,而爲其義子。噫!何無情、無恥、無忌,一至於此!可不謂之極醜哉?

何謂罪之罰?凡有治之權,必有賞罰以稱其職。多瑪斯聖師云:仁義爲有權者二手,仁爲右手,義爲左手。人用右手不足,必以左手佐之。治全亦然。用仁不足,不得已用義濟之。用義所以罰惡,亦所以禁惡,而使之不敢爲也。天主治萬民之權,常用仁義二德。仁以加恩,義以加刑。無善不賞,無惡不罰。但加恩爲其本意,因原於己善;加刑於宜然,因原於人罪。經典云:天上地下,凡萬有受造者,天主無不愛之。又云:見惡無不惡,惟惡能致主怒加刑也。要知天主賞人之善,賞過其善；罰人之惡，罰不及惡。且依義罰惡，不但爲已犯罪者之本刑，亦可爲未犯罪者之禁令。是謂犯之罰，亦謂未犯者之恩。故欲知罪之重，在於知罪之罰。天主義刑約有四端。余就經典所載而詳之。

天主義手第一用，即是降天神之傲惡於地獄。當初纔生天地，即生無數天神。其無形純性，滿被聖寵。其明爲直通達，其能極廣大，詳上天神篇，其本所在天國。天主至公，不欲其無功而享榮福，故使之自主立功。然其中最多，一見已福之妙，遂犯極傲抗主之大罪。天主遂初試義手，罰之地獄。以天神高位，變爲邪魔卑囚；以天國貴臣，變爲地牢賤虜；以天主第一所愛者，變爲天主第一所惡。噫！天主之嚴刑，自此開矣。人繼其傲神之表樣，能免其刑哉？

天主義手第二用，即是逐出人類之元祖於地堂。天主造天地萬物齊備，即生一男名亞當，一女名厄韈，爲人類之元祖母。其肉身内外，全無虧缺，其靈魂原義，猶原美也，諸德被滿，本可傳之於奕禩無失。故七情原無私欲之累，身樂原無死病災殃之患，安居地堂，享其景之福。天主亦不欲其以無功受福，使之自主立功，謙聽主命，無遺無傲。然兩位隨犯大傲抗主之命，即失了聖寵，壞了原義，身情錯亂，世物勝尅。因彼不伏主，而内情外物，亦不伏他，遂易淫易貪，多爲諸惡。見其身情錯亂處。

又能病能死，能受諸凶災，見世物勝尅處。因天主令之竄流乎地堂之外，延及於萬代，從世始至世末。凡孩童初生即受原罪之染，並世上所作罪惡，與諸凶災苦罰，皆是原罪流毒。噫！天主之嚴刑，自此再見矣。有自作之罪者，能無恐哉？

天主義手第三用，即是現罰人罪，而以洪水降世。天主生天地後二千餘年，人積罪彌天，招主義之罰。故自天降大雨，四旬不止。海水湧過高山一丈五尺，萬民與禽獸盡沒。天下止留男女八人，禽獸各類止存雌雄牝牡一對，息怒後再傳生焉。又有五城人迷於男色等罪，天主自天降火，盡燒其方。至今其地荒荒，無草無木，人跡全不可行用。噫！人犯重罪，今世天主現罰如此，後世永罰又當何如？

天主義手第四用，即是罰罪人於地獄。天主造天堂賞善，即造地獄罰惡。凡地獄之內外，苦無終苦，上已詳言，兹不必贅。但人思以天神純性，爲其初造所最愛者，不容一念頭之傲，而罰之於無窮；以元祖備美原義，亦爲其初造所甚愛者，因一犯命，天主則降刑，永絕其地堂之福，定原罪以延累子孫。且怒世惡，以永火屠滅之。天主之用刑如是其嚴，何況今人？事事行惡，日日增愆，人可不思所以止天主之大怒歟？

何謂罪之患？凡欲知其所以然，莫便於知其固然。故知病所發之症，便知其病之輕重；知樹所生之實，便知其樹之美惡。罪爲靈魂之病，因諸患之症，而罪之重可知。重罪爲諸患之根，因致諸患之實，而重罪之惡可知。重罪之患，約歸十二。今詳列于左，以便人瘳惡，而毅然歸於善。

一是失神活而得神死之患。蓋聖寵爲靈魂生活之原。人若有之，其靈魂爲活；無之，其靈魂如死。故犯重罪，聖寵既失，其靈魂在神前神指天主天神，臭穢過於死屍。泰西有一善士，忽天神借形與之同行，遇路傍死馬朽而虫生，善士閉目掩鼻以過。隨至城外，又遇一少年，容色甚美，天神亦爲之閉目掩鼻。善人怪而問之。答曰：此人形雖美，而神已腐，謂靈魂有重罪也。可醜尤甚於死馬矣。故犯罪，靈魂雖能動形，不能神動。蓋凡行善事，如念經持齋克己等，亦非活動之工。因此無功可賞，無合天主聖意之原。非如未失聖寵之靈魂，爲活工有功也。

一是失天主居心，而得魔鬼親身之患。依撒雅先知聖人曰：你罪遠你於主，隔其容不與親是也。蓋人無重罪，其靈魂爲天主寶殿。耶穌有言：愛我者必守我命，我與聖父偕來居於其内焉。若犯重罪，則辭却本主，召盡邪魔矣。先係降福之聖座，後變爲集禍之穢所；先爲慈王之筵，而神味飫我者，後變爲惡仇之藪，而酖毒遺我；先爲榮福之府，猶天國聚處者，後變爲囚禁之區，猶地獄成隣。惜哉！

一是失天主義子之尊，而得邪魔賤僕之患。蓋天主爲我人公父，我爲天主義子。天堂榮福係吾父本業，原備以遺我者。惟未犯罪，實是肖子，大得吾父之愛，將受其本業，何疑？若一犯重罪，乃爲不肖子，致吾父之怒，厚業斷所不與。于是乃爲邪魔賤僕，惟得其虐主所授之物矣。夫臣得王寵，立之爲王子，何等尊榮。不幸而至於獲罪，不但失其寵，並失其位，而貶抑之爲隸僕，不知何如悔恨？何況以天主義子，轉爲邪魔賤僕，失天國本業，而得地獄孽叢，其悔恨更不可名言矣。孰令爲之，而至於是？

一是失從前善功，而得現在惡行之患。蓋善功以百年積之不足，一旦以惡行敗之有餘，因惡行實阻聖寵。其善非真，其功非美矣。譬人臣一生忠君，忽作叛逆重罪，君豈念其前功，而赦之哉？故人雖積善立功，幾至於聖人之級，及一犯重罪而死，其從前諸善功，悉廢無有，而現在重惡可罰之至於無窮。經典天主有言：你爲惡者，我永忘其所行之善是也。嗟乎！積善多年，爲重罪奪去，誰之咎哉？

一是失諸聖通功，而得公會不親之患。聖教會，一大樹也。根惟天主耶穌，而諸信從者，乃其枝。未犯重罪，其枝爲活，能通遍樹之滋澤。若犯重罪，其枝已枯而他枝之生意不通矣。故不但失己之功，而並失諸聖人之功，何等可惜！譬如一己財少，資一公庫通用，一旦禁而不予，用無所濟也。惜矣！

一是失明悟超光而得昏心之罰之患。經典云：罪人常在雲霧暗黑中行是也。蓋人兩眼雖開，倘無日光照之，與瞽無異，故其行易跌。人雖有明悟，專賴信德之光，以見善明道。倘犯重罪，失聖寵，其信爲死信，其光已被掩蔽，神目如瞽，所行每跌於錯路。經典云：神目以罪瞽是也。且以罪召罪，愈犯愈迷，愈迷愈犯。經典又云：以暗召暗是也。可知罪人永福之路不遵，永苦之途是循；本主之引不順，虛仇之誘是從。抑何昏迷甚哉！

一是失天主佑善而得邪魔助惡之患。凡人遷善改惡，皆賴主佑。若無主佑，絕不能趨一步善，避一步惡。若犯重罪，依義宜罰，無從施佑，任邪魔引誘，積罪如連環焉。愈長愈結，愈結愈難解，罪惡滿而永罰至矣。噫！人何不懼此一件重罪，足以滿其惡，稱其罰，而天主因此以決其案哉！

一是失祈禱之功而得懶惰於善之患。凡人行善之佑，每由於切意求主，而求之允與不允，亦由於聖寵之失與未失。故未犯重罪而有聖寵，其求爲友求，大槩能允。既犯重罪，又求聖寵，其求爲求仇，無一能允。論天主之仁，亦有時允罪人之求。然大率不允者，或爲罰罪，或爲禁罪。又犯罪者之求，亦無有當允之情。何也？凡求於天主之情有二。一是堅望天主，豈求有重罪未悔，何能堅望？不能堅望，天主豈允其求？一是切求由於愛德熱情，有重罪而失聖寵，必無愛德。無愛德，何能得允所求？噫！犯罪而能痛悔，切求者固爲人勉之，但犯罪而虚求無益者，又爲人惜之。

一是失心内寧靜而得憂苦之患。耶穌對宗徒云：我之安平，常留與你。此神安平，與世安平異甚。若既犯重罪，樂中有苦，財物聲名長繫其心，未得慮不得，既得慮復失。且微樂易過，罪惡又長刺其心。明悟之光雖昏，亦有時發現當受永罪之懼，難逃將來審判之嚴，難免死候猝至之期，明悟中或現此數者，何等憂悶！故善人之生雖受世苦，可謂樂生；惡人之生，雖享世福，可謂苦生。

一是失天主安慰而得難堪怨恨之患。蓋世人憂苦繁多，中有甚者非人可慰，止天主爲人慈父，未足爲善之慰，可尋此門以求慰焉。若犯重罪，不但不爲其子，反爲其仇，何敢向之求慰？是這一門又被己罪閉塞也。不然，人無重罪，向天主求慰，亦何所不慰乎？是則釋苦不能，求慰不敢，抑鬱莫堪，怨恨奚極呼。可愛哉！善人之安平乎！可惡哉！罪人之憂患乎！

一是失世上諸公而得福失諸凶難之患。蓋從世始至世末，凡所受苦患，皆是或爲罰罪，或爲警罪。故如災殃疾病盜賊等無非人罪所致。根在原罪。若無罪則無人世之苦。夫罪可犯，諸凶難亦可畏。既畏今世之苦，何不畏所以致此苦也哉！

一是失善終而得惡死之患。經典云：善人之死在主前爲寶死，惡人之死在主前爲凶死是也。蓋生時種善種，死時即收善實。生時種惡種，死時即收惡實。經典又云：流淚種其種，歡善收其實。信哉！故善人在世，惟得種種之苦，至死則得收冬之樂。因此見善人之死，雖謂終而非終，實爲無終之始；雖謂死而非死，實爲永福之生。謂之終可喜，喜爲世苦之終；謂之始愈可喜，喜爲天福之始。惡人之死雖謂終亦非終，實爲無終苦之始；雖謂死而亦非死，實爲長受苦之生。謂之終可憂，憂爲暫福之終；謂之死愈可憂，憂爲永苦之始。嗚呼！人世何犯罪之時，不自返思曰：我欲免世苦，當不免永苦；我欲得世樂，每至失永樂。何如耐苦而節樂，而免永苦得永樂。

以上所列諸患，思所失固堪流涕淚，思所得愈可碎肝腸，總爲我重罪所致，則欲免其患，必宜去致患之由。凡我教友未犯重罪者，當慎而避之，如畏病苦者之常謹於病可也。已犯重罪者，當悔而改之，如偶得病者之亟求其醫可也。不然因循苟且，欲待死候痛悔，吾恐天主待你之時，而你不赴；你待天主之時，而天主不收。一息氣斷，無窮禍至，悔之晚矣！悔之晚矣！

聖教明徵卷之八終

萬物始元

白日昇撰
肖清和　郭建斌校點

本書係全國優博作者專項資金資助項目『儒家基督徒研究：歷史、思想與文獻』（201201）、上海市曙光人才計畫《畏天愛人：明末清初敬天思想與實踐研究》（17SG40）階段性成果

提要

《萬物始元》五十二章，法國巴黎國家圖書館藏，編號 Chinois 6927。據 Courant 書目，此書作者爲利類思(P. Louis Buglio，一六〇六—一六八二)。但查《明清間在華耶穌會士列傳》，利類思有著作《萬物原始》，另名《物元實證》，使用五項推理法證明天主實有，内容來自利類思所譯《超性學要》第一大支第一段第二論第三章。因此，此說不確。

據學者研究，《萬物始元》作者當爲巴黎外方傳教會傳教士白日昇(Jean Basset，一六六二—一七〇七)。白日昇，法國里昂人，一六八四年進入巴黎外方傳教會，一六八五年一月離開巴黎，一六八七年晉鐸，一六九八年到達廣州，先後在廣東、福建、江西等地傳教。一六九二和一六九三年，白日昇任江西署理宗座代牧。一七〇一年前往四川，受到北京耶穌會士張誠(Jean François Gerbillon)的推薦，因此獲得當地官員的保護。本書即白日昇在四川傳教所用的四本小册子之一。其他三部爲《天主聖教要理問答》《聖教經課》《福音書》。

《萬物始元》又名《經典紀略問答》，底本爲克勞德·弗萊利（Claude Fleury，一六四〇——一七二三）的《基督教理問答》（*Grand Catéchisme historique*）。白日昇爲了傳教需要，將此書翻譯成中文，并在每章正文後附上問題和答案，以方便初學者學習。此書現有三個版本。第一個版本藏於梵蒂岡圖書館，爲抄本，署有『遠西聖伯多禄會士白若望』，爲康和子舊藏；〔一〕第二個版本爲法國巴黎國家圖書館藏，抄本，題名《萬物始元》，不題作者；第三個版本藏於大英博物館。〔二〕

此次校點以法國國家圖書館藏《萬物始元》爲底本，由於未獲得其他兩個版本，是故未能就不同版本之間的差異進行校對，僅對部分術語進行注釋。法國國家圖書館藏《萬物始元》共五十二章，二百五十五頁，第一章名爲《萬物始元》，遂以《萬物

〔一〕（法）伯希和編：《梵蒂岡圖書館所藏漢籍目録》，北京：中華書局，二〇〇六年，第八九—九〇頁。

〔二〕以上參見韋羽：《十八世紀天主教在四川的傳播》，廣州：廣東人民出版社，二〇一四年，第一五三頁。

始元》名全書。每章集中討論天主教教理的重要議題，按照時間順序，從天主創造天地開始，到天主教成爲羅馬國教結束。正文完畢後，并設問答。正文語言較爲典雅，而問答部分則較爲鄙陋，近乎白話文。但很明顯，《萬物始元》正文的寫作水平與同時代的耶穌會傳教士相比略爲遜色。此書既用於傳教，實用性高於文學性。雖不典雅，亦無傷於此書之流傳。此書對於天主教在四川等地的傳播應起到了積極作用。在録入過程中，學生吳立新、黄娜娜、李竹磬、許懿等提供了諸多協助。責任編輯韓鳳冉先生亦貢獻良多。在此一併申謝。然古籍點校難免出錯，懇請方家不吝賜教。

萬物始元

萬物始元第一章

天主肇成天地，而兩間凡有形無形之物，莫非其工也。非用材，皆從無而作之；非使器，非待助，其旨所至，一言即成。所爲無他，特爲本熒矣。且非須俄似不得已而作之，乃分工於六日。首日作光；次日作諸天；第三日分旱海，使地產草木；第四日作日月星；第五日作魚鳥；第六日使獸蟲自土而出。然後另作人以掌餘物也。第七日工既畢而主歇，即不新物作矣。主將作人，商議于己内曰：我曹宜作人爲吾肖像矣。遂以土造肉軀，然後嘘之以活氣。即自無做靈魂，與身結之而成人矣。夫靈魂且爲天主肖像者也。以其體無氣無形之純神，永生不死，能知能愛，而其知愛能向天主者畧似天主也。蓋天主自是至清至神，其尊無對，其善其德其福等妙情皆無盡無限，以知以愛而孳育于己内者也。主先作男，後作女，爲男之伴矣。且作女以男之一肋而成之，欲表夫婦宜愛相合，似一體之義。婚配之禮始定焉。主祝男女曰：汝等可長可繁，以滿地面，以主潛動飛矣。賜之以草木爲糧矣。元男名亞當，女名厄娃。主置之于各〔一〕種美樹之園，四河所潤者，即地堂即樂域也。二人體裸而心無愧怍。蓋所見于己者，皆既主純工自爲正善也。所需供備莫闕，無傷無病矣。倘不食主所禁一樹之菓，亦可免死。主時設此，一爲表忠順之餞也。二人與主交親炙，而安享福焉。人上主已肇成諸使，神體純靈，性高于人者也。

萬物始元第一章問答

問：天地萬物是誰做的？答：是天主做的。問：天主做天地萬物用何材料？答：毫不用材料，從無做萬物。問：不用材料，如何做許多物？答：天主能是無窮

〔一〕底本爲『名』，今改。

的。不論願做何物，一命就有。問：天主何意造天地萬物，是何意？答：意欲廣顯自己的熒光。問：天地萬物之工天分幾天？答：分六天。問：頭一天做何工？答：做光。問：第二天做何工？答：做各層之天。問：第三天作何工？答：分旱海而使地出草木。問：第四日做何工？答：做日月星。問：第五天做何工？答：做魚鳥。問：第六天做何工？答：使地出獸蟲。問：還做何工？答：終做人。問：第七天主做工否？答：不做新物就歇安了。問：天主何故意第七日歇安了。答：欲示人可以七日之一停百工，專務善事，以造天主之永安。問：天主如何作人？答：用土造人之肉軀，後作靈魂，與肉身結合，如此成男人了。問：如何做女？答：用男之一肋骨而做之。問：何緣如此？答：以明夫婦宜相愛相合似一體之理。問：元男有何名？答：名亞當。問：元女有何名？答：名厄娃。問：亞當厄娃二人天主安置他們在何處？答：安在地堂。問：何謂地堂？答：就是各種美樹之園。問：二人在地堂與我們如今同否？答：千萬不同。問：有何不同？答：二人身安樂，無傷無病，心明白正善，無蒙昧，無私慾。問：二人食何糧？答：食菜菓。問：穿何衣？答：不須穿衣，其體赤裸。問：體赤裸如何不羞愧？答：體內心正，何羞愧之有？問：他們到得幾多年紀纔死？答：永不死。問：如何免死？

答：若不吃天主所禁一樹之菓，可常生不死。問：天主禁一樹之菓有何意？答：要人守此一戒以表孝順之心。問：天主教所闢鬼神何解？答：當初天主所以全能，作許多天地人萬物，皆無形之純神者是也。

罪惡原流第二章

夫諸使神間有等，不止于天主原賜之聖寵，乃叛犯了天主。主罰之，即丟下地獄，永患於不見天主，常受猛火之刑焉。所謂魔鬼是也。因常引惑誘人，亦名之撒探〔一〕矣。其衆惡鬼之一嫉妒亞當、厄娃在地堂所享福，借蛇身就厄娃曰：私園諸菓何緣天主不許汝等喫之？厄娃答曰：諸菓皆許，爲園中一樹之菓以死禁，不許動之。蛇曰：喫之猶不死，但主明知汝倘喫須開眼目識善惡，即等天主也。婦惑誘拾樹與菓之佳美取喫。又送夫，亦喫。二人之目立開，自覓厥肉軀異前，叛亂起，再不服神志，羞體之裸，犯菓樹葉作腰圍遮身矣。主素以形現之。。犯罪後，聞其聲即躲

〔一〕即撒旦。

藏。既見主，明知其罪。男推之女，女推之蛇。主方呵蛇，即叱魔鬼用蛇軀哄婦者也。諭將設永讐在婦與蛇之間，而有自婦出者舂蛇首，即指救世者日後頽敗魔鬼之能也。蓋主自是許之以慰人患禍也。且罰婦苦娩而服夫之制矣。若男罰之勞力種地，出汗營生至歸原出未之土矣。遂逐二人出地堂，命裕祒祸持火刀守防其入矣。亞當初生既蒙主所賜原聖原義，因犯罪皆喪之。更遭主之惱恨，以甘從魔鬼，而生其奴，身魂百端美處概亡之。不免四氣之殘傷，猛獸毒蟲饑渴窮窘疾病死故諸般之攻害。又隨愚迷昏霧之中，滿心私慾，即偏愛己，是以避天主至善之德，趨向己身肉血之浮樂，而有喜怒哀懼之等情亂動也。善事雖小難行，惡事雖大依犯。且到死後更遭永死，即下地獄之永苦也。

罪惡原流第二章問答

問：我們如今在世界，原厄娃子孫在地，如今何故不同了？答：因謂我們原祖亞當中了魔鬼詭計，犯天主的命。問：何謂魔鬼？答：就是衆惡神，當初得罪於天主的。問：惡神既得罪天主，天主如何罰他們？答：丢下地獄，永不得見天主，常受猛火之苦刑。問：魔鬼既下地獄，怎的又哄誘得人？答：天主欲試人，替他開立功之門，因此許魔鬼來誘惑。問：魔鬼設甚么計較誘惑亞當？答：借蛇的身攛掇厄娃喫天主所禁的菓，又送丈夫同喫。問：魔鬼如何哄騙厄娃？答：教他不怕，那個菓子喫了永不死，看他的眼目立開，又知善惡，同天主一樣了。問：天主見人中了魔鬼計如何處？答：呵叱魔鬼而罰亞當厄娃。問：天主如何呵魔鬼？答：說以後婦與蛇永相讐，而婦之子舂蛇之首。首者，頭也。問：此言何解？答：預指救世者必生於絕德色之女，而敗魔鬼之能。問：天主怎麼罰厄娃？答：以後罰痛苦分娩，而屬丈夫管轄。問：怎麼罰亞當？答：罰他辛苦過日子，到死歸土。問：人得罪天主以後是甚麼光景？答：肉身與靈魂大不方便了。問：肉身有何不方便？答：外物百般傷害他，内裏生無數疾病，究竟免不得死。問：靈魂有甚不方便？答：蒙昧私慾昏迷了。問：何謂蒙昧？答：但顧現前暫樂虛名浮利，而天主真理至善永福不在心。問：何謂私慾？答：就偏愛不公之亂事情。問：私慾生何事？答：生罪惡。問：罪惡又生何事？答：生仇恨，生永禍。

人類敗壞第三章

亞當厄娃犯罪以後始生育，是以厥子女俱壞，與父母同患難，而負以生所染之罪，所謂原罪。是夫原罪延傳諸子孫，至今人人遭其染污，皆背天主爲讐，無力行善，終隨冥獄者也。亞當首子名假因，次名雅白。假因嫉殺雅白，主罪之曰：汝弟之血喊呼伸冤。假因自認死罪。然主以兇端不可衍，而竟禁殺之。假因子孫爲惡，然亞當他子瑟德氏。瑟德胤信認真主，謹存虔事之，知禮至。其族與假因家混雜結亦同壞已矣。如是人都離于正道，溺愛至深，而主憎嫌似以生人爲悔，欲殲滅之矣。止有瑟德一嗣名諾厄氏獲寵於上主。主預示之以將發洪水浮天下之意，命造一櫝即大方舟，上蓋内足容禽獸每種一偶，載終年之糧。其形像櫝者也。諾厄一百餘年制櫝時，勸人悔惡，儆之以將來之洪水，弗之信。定期既滿，主令諾厄夫妻三子三婦共八人入櫝，使天下禽獸各類一偶集焉。遂開於天上諸池，赫赫淋漓，四十晝夜雨不絕，海淵亦湧泛地面，山嶺雖高，水踰之二丈。人與禽獸盡沒，惟有櫝内者得生矣。夫櫝乃天主教之像也。在其教者可以獲真福常生，而教外者無一免冥獄永苦耳。

人類壞敗第三章問答

問：亞當厄娃幾時生子女？答：犯罪後生養。問：其罪傳子孫有否？答：既傳有罪。問：人初生有罪？答：在母胎一成了人就染了罪。問：人在母胎所染的罪叫做甚麼罪？答：叫做原罪。問：亞當初生的兒子有何名？答：叫做假因。問：第二個有何名？答：叫做雅白。問：那雅個亞當的兒子誰好誰歹？答：大的做人極惡，第二的做人極善。問：假因犯甚麼大罪？答：殺胞弟雅白。問：何故殺他？答：無他故，但嫉妬胞弟雅白的善德。問：假因的子孫做何等的人？答：都做惡人。問：雅白死後有甚麼善人？答：亞當又生瑟德，瑟德爲善。他家也有許多善人。問：瑟德子孫常爲善否？答：年代久矣，亦有後人做歪，爲惡的事。問：怎麼做壞何事？答：後人因爲有人貪色，亂娶同族。假因後代女行邪婬的事，所以壞了。問：那時節有多少人犯邪色的罪？答：除諾厄外，大概人人都犯了。問：天主怎麼罰衆人邪色的罪？答：降洪水，人與禽獸都滅了。問：有幾多人免洪水之患?答:單諾厄家八口人得免水患。問:何故天主救諾厄一家人洪水難?答:因爲諾厄爲善遵天主誡命,不從衆人壞俗。問:諾厄家八口男女是何人?答:諾厄夫婦,三個兒子,三個媳婦,共八人。問:洪水滿天下,諾厄家裏怎麽得生?答:天主先命諾厄制一大櫝以救其家與各種禽獸。問:諾厄制此櫝幾久方得成?答:一百餘年。問:此櫝表甚麽東西?答:表天主聖教會。問:怎麽表得來?答:在聖教内可以自救於永禍升天堂,在教外免不得下地獄受永苦,真直如在櫝得生,不在櫝皆死一樣的了。

性教行時第四章

諾厄進櫝後一年既滿,奉主命而出,遂獻祭以謝主捄之之厚惠也。天主許其祭。許之以後,令便四季照常循環祭之,再不使洪水洗天下矣。降祝諾厄父子以廣衍嗣系,以主諸畜生,且亦聽殺之吃之,嚴誡勿殺人。曰:人爲吾肖像。凡流人血者,其血將流也。諾厄三子曰生,曰閎,曰雅弗。其復傳人類普四方。因萬民皆兄弟,理宜相愛者也。奈何人性哀懊!當初人壽有千歲,洪水以後漸已短,止得一二百歲。人心更加惡了，將田物井人不和必分，各有所私一主而事之，勢必戰鬥爭勝，擄刦相攻始出焉。各取快爲務，放肆飲食，縱慾敗度，無束於規制，即不孝父母、不敬長老，計謀倚力，強霸兄弟，不信朋友，竟亡真主大父母之恩。不崇造物之主宰，而崇受造之人物。或敬權才之人，或敬天地星辰山河等如此邪神左道巫民。從此異端而起，人如此惡，自背良知而違本性之善光也。按夫靈光惟宜欽崇大主爲萬物之原，孝敬父母，守婚配之原義，不可傷〔一〕害人之身名財務。此話真實，私慾必克治。其理深明，天下人俱要明知之矣。所謂性教是也。遵之者少時之罕稀也。然常有相嬗不絕，即如聖經所載若栢默基瑟等。另有聖未載者也。按聖經，若栢家豐富盛德之君子，難棄世俗，故天主許魔鬼敗散他的浮財，死其他的子女，壞爛身體，至窮苦之極。一謂奉敬欽崇，所以天主大揚他的忍耐，爲萬世之法則也。

〔一〕底本爲『暢』，今改。

性教行時第四章問答

問：諾厄在櫝内幾久？答：滿一年在内。問：怎麽出櫝？答：奉天主之命而出。問：初出時作甚事？答：就獻祭，謝天主的大恩。問：天主許約他甚麽事？答：許約以後無洪水滅人類。問：天主許容甚麽事？答：許容隨便殺吃禽獸。問：諾厄三子有何名？答：大的名生，第二的名岡，第三的名雅弗。問：洪水後人類是甚麽樣？答：力量衰敗了。問：洪水前人命到多少年紀？答：差不多到一千年。問：洪水後人命到多少年紀？答：漸漸短了，到終難得一二百年。問：肉身既如此軟弱，靈魂是怎麽樣？答：靈魂也軟弱，所以人極多背理。問：洪水後人有甚麽背理的事？答：相爭世物，忘記天主。問：人罪中那一件最重？答：就是忘造物之主，認錯所造之物爲主的罪。問：誰犯此罪？答：敬天地山河五祀，拜菩薩，祭先人，祀鬼神，都是犯此大罪。問：洪水以後天下有何教？答：有性教。問：何謂性教？答：就是天下人人所有的良知良能。問：性教有幾端大綱領？答：有兩端。問：那兩端？答：一愛慕天主萬有之上，二愛人如己。問：洪水後誰人遵守性教？答：聖經紀録若栢默基瑟等，還有未紀録於聖經的。問：若栢是誰人？答：是有名的官君，世家豐富，後至窮苦至極。先富後貧都是一心無二，專敬信天主矣。

亞巴郎情第五章

但世俗染壞日甚，而認天主守性理真教者希，僅存欽崇者鮮矣。所擇聖賢之間槩係諾厄長子名生之裔派有赫伯。又奈何邪神左道亦漸占，赫伯之家主方擇一人特與結約以保真教恒存于世矣。斯人名即亞巴郎。〔一〕主諭示離族遠鄉，渡偶法德河，到加囊，方許使由之生出大民，繁衆似天星、海沙之無數。更謂之曰：因汝之種子，天下萬民將受祝也。以此言指婦之子舂蛇首、救人類者，必爲亞巴郎之嗣也。亞巴郎信主之許，順主之諭。主亦重筭其數，無不庇護，加之豐富。又與之結大盟。屢諄先許説由之所生大民必得加囊，方以之頒祝賜恩，普泛于天下也。主命之割損

〔一〕底本空兩格。

禮，爲互結盟之號。蓋盟屬肉血之生，因其號亦宜在肉軀也。亞巴郎之信見試既很久，壽既足一百歲。其妻名撒拉氏素石婦，既老出生育時。主竟賜生一子名依撒格。主諭其許約之徵，必歸依撒格，而于他妻先產之子依瑪兒氏不相涉識矣。依撒格既長成，主命亞巴郎祭之。亞巴郎雖珍愛之，毫無辭，即如命。已舉手將下殺子，主使神適止之。奬其順心，復諄前許約矣。亞巴郎時默基瑟王撒冷其父母氏族皆不録于聖經，惟載其以祭上主爲職。一日亞巴郎拜四王兵旅大得勝歸時，默基瑟奇人迎降祝之爲之獻麵餅、葡萄酒。此乃表救世者雖生於亞巴郎，然必尊于亞巴郎之預像也。

亞巴郎情第五章問答

問：洪水後真教存在那裏？答：存在生子孫赫伯家。問：赫伯家恒久守教誡否？答：漸從衆拜邪神，差不多都壞了。問：天主怎麽保存真教脈絡常在世不絕？答：那一家内特選一人名亞巴郎，與他結約。問：天主命亞巴郎甚麽事？答：命他離親戚、出本國。問：天主定甚麽禮爲結約的號？答：割損之禮。問：

天主許約亞巴郎甚麽事？答：許約他子孫無數，像天星、海沙之多。問：還許他何事？答：許他的子孫必得加囊地方。問：還許他甚麽大恩？答：許日後萬民依賴他的種子得降祝。問：此許詞有何義？答：指救世者必生爲亞巴郎的子孫。問：亞巴郎兒子有何名？答：依撒格。問：亞巴郎幾時生依撒格？答：到本身足一百歲，妻子撒拉也老荒之時。問：依撒格既大了，天主命他亞巴郎甚那事？答：命他把依撒格殺祭。問：天主何故命他將子來祭？答：要試他的信德如何。問：亞巴郎領了主命怎麽處？答：亞巴郎既領主命就吗兒子順命，到天主所諭的山上着實要殺子祭。問：何故殺不成？答：舉了刀要下手殺的時節，天主就使天使擋扯住他不能殺止了。問：亞巴郎同時可有甚麽大名的人？答：還有默基瑟。問：默基瑟是何家何族的人？答：聖經総不曾紀録家族。問：他有何職位？答：他做王，又做主祭。他的位尊過于亞巴郎之位。問：默基瑟用何物祭天主？答：用麵餅與葡萄酒，所以預像吾主耶穌後面所立的大祭也。

聖賢名祖第六章

依撒格肖父之砠信之德行，而得主依然之許矣。太平度活，家政雖樸素，而不失鄙陋。叟生二子，先出名梔掃，後出名雅閣。主寵少遺長。如是額掃泥亞當子孫壞郡之中，即爲惡逆親慢主。雅閣反然，行善欽主，殷勤忍耐順良，而得父之祝，以襲主許約矣。原依撒格欲降斯祝與長子梔掃，而雅閣設策受之。依撒格祝畢，方覺之雖非厥意，因知係主命，竟不改，且復祝之。雅閣得斯切緊之祝後娶親，生十二子，曰呂，曰奔，曰西默雍，曰勒微，曰如達，曰依撒假，曰撒卜隆，曰單，曰搦達里，曰迓得，曰雅色爾，曰若瑟，曰奔亞明。所謂古教十二祖宗是也。另有所稱聖祖者，乃性教聖人也。亞當、亞百瑟德、額糯、格諾厄、生、亞巴郎等皆是也。天主復許雅閣與父與祖亦然。又名之依臘爾矣。十二子中依臘爾最愛若瑟，因餘子生嫉妬，賣之與商，帶往厄日多。主照顧之，使厄日多王特寵以國權托之。其兄弟被飢迫到厄日多買粮。若瑟屢試之而後白己爲厥弟，寬恕其罪，請父及兄弟全家七十人來住厄日多。雅閣將死時，降祝十二子，預講各子之後必遇大情。至祝如達，言其將主掌諸弟兄而權存其家到出遣者，萬民所慕者來格矣。即指救世以是其不獨爲亞巴郎依撒格雅閣之裔，且屬如達支派始明矣。

聖賢名祖第六章問答

問：依撒格生幾個兒子？答：孿生兩個，厄掃與雅閣。問：天主寵愛那一個，棄嫌那一個？答：寵愛雅閣，棄嫌厄掃。問：兩個同胞雙生的，何故天主選雅閣、棄厄掃？答：天主聖意如此預定，人人都在天主手下，如土在淘沙匠，脫不得他手下過，不必別問緣故追求。問：他兩個兄弟那個好，那一個歹？答：雅閣爲善，厄掃爲惡。問：依撒格降祝那一個襲主之許？答：降祝雅閣。問：何緣不降祝厄掃？答：先要降祝他，雅閣用計得降祝，依撒格竟有天主命選雅閣，所以再降祝立他爲家長。問：雅閣生幾個兒子？答：十二個，名呂奔，名西默痽，名勒微名如達，名依撒假，名撒卜隆，名單，名搦達里，名迓得，名雅色爾，名若瑟，名奔亞明。問：這十二人何稱？答：稱爲古教十二支的祖宗。問：聖教所稱聖祖係誰人？答：就是性教時的聖人，如亞當、亞白瑟德、額糯、格諾厄、生等。問：雅閣十二個兒子中寵愛那一個?答:寵愛若瑟。問:其餘的兒子如何待若瑟?答:妬恨他,賣與客商,帶去厄日多國。問:若瑟在厄日多如何過日子?答:天主照顧他,先受許多苦難,後顯神智,作王之寵神。問:若瑟如何報弟兄的喪?答:雖不報喪,但念天主命,甘恕他前罪,憐他兄弟們于飢患,請父親及弟兄們來厄日多住。又夆荐國王前,請王賜好地方他們居住。問:雅閣兄弟家遷來厄日多國時有多少人?答:男女大小共七十人。問:雅閣將死降祝如達講何事出來?答:講如達家日後有國權不絕,到捄世者生爲其子孫也。

厄日多阨第七章

天主待四百餘年方成先所許亞巴郎之事。蓋亞巴郎等聖祖初在加囊自無地,如旅舍住帳幄之中,厄日多非其地,而二百餘年居焉。主如此深試其信,而聖祖以此明示所望之業,好于現世形土矣。依臘爾胤居厄日多,生衍繁甚異于尋常,即如主先許亞巴郎焉。厄日多王懼其能漸巨,欲剪其力,防事之生,即以重差壓之,使作磚累各項泥水很苦之工。所命督工者暴虐,催不容稍息。王又意殲死其孩男,委沉泥洛河甚衆矣。依臘爾家在阨之中，向天主號慟。主俯聽，以念先結與亞巴郎、依撒格雅之盟，捄之也。夫阨者，乃人在罪中，阨之罪也。蓋人因犯罪受魔鬼夭害，不得躲其手，到天主遣捄世者臨格贖罪也。且主使巨德人每瑟氏往捄依臘爾民。每瑟原係勒微胤。厄日多公主自少所養，國中諸學皆習。及大，遯于亞拉別野中。主現之于阿肋山上。謂之曰：吾乃自有者。據此言，人識真主比前益明。蓋以親切言，惟天主爲有神，人物皆自爲無，而待主命，藉主能而得有也。每瑟力辭主所委捄其民之職，主不準辭。差之復厄日多，賜之以行靈蹟之能矣。

厄日多阨第七章問答

問：天主幾時賜亞巴郎子孫加囊地方？答：許約亞巴郎四百餘年。問：天主所許之恩何故捱如此至久？答：欲試聖祖之信，賜他們極厚之業。問：聖祖如此久不得所望的好處，其心何得安？答：他們以天主心爲心，所以無時不安。況所望不在加囊形土，實在天國。問：他們既然專望天國，何故天主許加囊地方？答：大槩加囊乃天主用之表此天國。問：雅閣子孫幾久在厄日多國？答：二百餘年。

問：他入厄日多時不過七十人，既住了二百餘年，有多少人了？答：無數的多了。問：厄日多王看他如此，怎麽待他們？答：怕他們，所以磨難他們。問：如何磨難他？答：先差累各樣泥水苦工，後淹死男孩子。問：雅閣子孫受這等苦楚，怎麽處？答：向天主號哭祈禱。問：天主如何受他們的祈禱？答：爲以前與亞巴郎、依撒格、亞閣所結的約，願救他們。問：天主用甚麽人捄他們？答：每瑟。問：每瑟原是何人？答：原是勒微家子孫。厄日多王的女自小養他，學本國各樣的學問。問：天主現每瑟自稱如何？答：稱自有者。問：厄日多王像誰？答：像魔鬼。問：雅閣子孫受百般的磨難像誰？答：像人類犯罪後受魔鬼百般的害。問：每瑟像誰？答：略像吾主耶穌來救我們於魔鬼的能。

巴斯卦禮第八章

厄日多王通稱法老，每瑟同兄亞羅到法老前傳主旨，命放主民出其國。法老拂且欺之。每瑟固催王，行神跡嚇之，衸以棍打河水即變血，使蛙湧出，無處不滿。王宫亦然。因王許放依臘爾家。然每瑟既息蛙患，王食言。是以每瑟陸續令蠅蚊蝨等蟲累一國。王被各患逼，則約許從命，惟患已罷不踐約矣。故每瑟以瘟疫壞六畜，臭瘡傷人，巨雹損五穀，黑霧三日遮地面，法老錮不從。蓋主任其怙惡以多行靈蹟，明顯嚴能矣。終主救厥民，期將滿，令依臘爾各戶備一羊羔，定日近晚祭，以將血擦其門楣上，將肉燒吃。命年年行此禮，追蒙救之恩。其瞻禮名巴斯卦，譯經過也。依臘爾行巴斯卦之夜，主遣神殺一國之長子。自法老之長子至卑丫之長子，無一不死。惟羔血擦戶，神經過不傷其長子也。夫羊羔預像救世者必代人爲義，其體爲善靈之糧，用其血者得免永罰也。厄日多人蒙長子盡死未患，心已驚忙，不待天亮，即刻催依臘爾出國。依臘爾得一國珍寶而脫出矣。

巴斯卦禮第八章問答

問：每瑟領了天主差去救依臘爾民，他作何事？答：同哥子亞羅往見厄日多王，傳上主旨意，命放依臘爾民。問：厄日多王何稱？答：通稱法老。問：法老怎麽待每瑟、亞羅？答：不采他們，不從不認天主的命。問：每瑟行甚麽神跡證天主的命?答:把棍打河水就變血。問:還作何神跡?答:〔一〕使出無數田雞蠅蜢蚊等蟲滿國聒苦衆人。問:還做何神跡?答:又使瘟疫害六畜,人身生臭瘡,火雹壓壞五穀。問:法老見如此神跡怎麼處?答:被各患逼追時許約從命,每瑟求天主饒他。每瑟代求天主無一不准。其幻既罷,法老失信。別招患更重罰他。問:天主終用何神跡救依臘爾民?答:使一神殺一國的長子。問:使神怎麼不殺依臘爾的長子?答:天主先諭他們各家把一羊羔祭,用羔血擦各戶門楣上,將羊肉燒吃。其使神見羊血在門上就經過不殺那一家的長子。問:厄日多人見家家的長子都死了,怎麼處?答:急忙催依臘爾出其國。問:依臘爾出厄日多國帶出甚麼東西?答:一國的寶貝都帶出了。問:天主賜依臘爾如此大恩定何禮每年追思?答:定巴斯卦的禮儀。問:巴斯卦禮怎麼行?答:其天主初命把羊羔祭燒食。問:此羊羔天主命祭有何意思?答:預表救世者甘作羲,其血贖萬民,其體亦爲靈魂之糧。

〔一〕底本闕『答』,今補。

野中路程第九章

法老逆主至終不改，既放依臘爾，僅出其國又悔〔一〕，領兵趕至紅海邊，方遇之。依臘爾想必亡，主乃令海水自分開，左右屹立如墻，中遺巨道，依臘爾走去焉。厄日多人兵隨其後追。依臘爾先過去畢，主放海水一合，王與軍兵一齊盡沉矣。如是天主以峻能拔其民出厄日多國難。天主所以明示萬物服其聽命，其人敢逆其旨哉？自招嚴罰也。依臘爾在路，主特顯仁慈眷顧，曠野引之，以試其信忠，以習其忍耐，以使之明悟所其存者悉由天主恩也。帶路者晝〔二〕乃雲，捍日炎，而晚變火照光夜裏也。食之以饅飩類，露朝繁落漸稠，凝可成甘旨餅，足一日糧。次二次賜鵪鶉甚多。水法時，每瑟以棍打石而石即出水流。四十年路程衣無爛，竟眷引之如父抱嬰兒也。孰期依臘爾民背恩，多怨主，痛思厄日多以向所吃粗糧爲難舍，意欲退回，屢惱

〔一〕底本爲『侮』，今改。
〔二〕底本爲『畫』，今改。

每瑟，致想殺之矣。夫野程所表者，今世生也。主萬方勸試，人之心背恩逆命，雖多主異仁寬容，吾罪益加，典惠不已矣。

野中路程第九章問答

問：依臘爾民出了厄日多，法老怎麽處？答：領軍旅趕他們。問：到那裏纔趕得上？答：到紅海邊。問：依臘爾人那時節沒法，海又在前，軍兵追來在後，如何躲得？答：天主全能將海分開兩邊水堆如高墻，依臘爾人往中間乾海路經過了去。問：那法老軍兵跟着海路追去否？答：依然跟追那依臘爾人過去，完了天主將海水一合，兩邊海水流下淹死王軍，法老兵馬一個都沒有了。淹死無數，那裏躲得出。問：依臘爾人過海後進何路？答：進曠野路。問：誰引帶他們？答：天主引帶。問：天主怎麽現與他們得見？答：日裏用雲的形，晚間用柱火的形。問：依臘爾人在曠野吃何糧？答：吃饅飩。問：饅飩是甚麽東西？答：就是天神備辦的糧。問：依臘爾如何得到手？答：天天早晨落下來，取收在罐裏。問：在得幾多？答：存得不過一天。若要存兩天就壞爛生蟲，但瞻禮六所取的，瞻禮七日還用得，兩天放得不壞。問：饅餉是什麽模樣？答：初落時像露水，漫漫結凝，可成上好味的餅。問：依臘爾在曠野怎麽得水飲？答：天主諭每瑟以棍打大石，一打就有水湧出來，流不絕。問：他們怎麽得衣穿？答：天主保祐，自出厄日多到入加囊，他們衣服都不爛。問：依臘爾蒙天主恩如此厚，怎麽酧答？答：沒有酧答，他們作忘恩無情的人，大得罪于天主。問：得何罪？答：常逆主命，屢次埋怨每瑟，想害他，退回厄日多。問：依臘爾人行曠野的路程表甚麽事？答：表我們過現世的事情。問：怎麽表得來？答：人雖常蒙天主無數的恩，然多忘恩，得罪于天主，真像依臘爾在曠野的模樣。

天主十誡第十章

依臘爾初行間出厄日多後第三日，到西迺山，主留之焉。待教之頒每瑟，使衆自濯自潔，禁太近山矣。至巴斯卦後第五十日，忽見山滿頂著火，稠雲覆之，猛發轟聽號筒哄哄聲響，然無見人形。維時嚇聲自雲出，曰：吾乃汝主汝神，救汝於厄日多擄阨之房者也。汝勿欽他神，吾面前勿造㨘偶。凡在天地水者勿作其像以拜事。

吾乃剛烈神者。恨吾者，父罪討之子三四世；愛吾而遵吾命者，吾慈恩之千千世世也。勿妄取汝主汝神之名。妄取者必罰之不免。三、汝記聖撒巴之日。六日汝行工，第七日爲撒巴，即主之歇也。是日凡工都勿行。汝之子之汝奴婢、汝畜與汝偕住客盡亦然。蓋天主六日成天地，而第七日歇，是以祝聖其日矣。四、汝孝父母，致得長壽，于汝主汝神將賜之地。五、勿殺。六、勿奸。七、勿偷。八、勿妄證近汝之人。九、勿願近人之妻。十、勿貪其屋奴牛驢等屬之物。天主明諭十誡于民前，又銘刻石於二板石，授之與每瑟，在山上雲中者也。大槩十誡，天主新理。除第七日爲主日之誡外，其餘皆備于性教。惟人因惡情蒙昧，幾希乎忘矣。以主復命而録也。

天主十誡第十章問答

問：依臘爾人在何領天主教？答：在西乴山下領。問：天主約先訓他們何事？答：先訓十誡。問：頭一誡何説？答：吾爲汝主汝神，救汝于戹日多虜阨之房，勿欽他神。我面前勿造壊偶。凡在天地水者勿作其像以拜事之。問：第二誡何說？答：勿妄取汝主汝神之名。問：第三誡？答：云云。問：天主如何命此十誡？答：西迺山滿頂著火，稠雲覆山火，雷轟電閃，號筒巨聲響驚嚇衆人自山。天主明講十誡。問：誰聽天主講十誡？答：依臘爾民大小男女都聽見了。問：天主用何法存十誡于後世？答：刻于二石碑上，授之與每瑟。問：十誡與性教同否？答：大槩相同。問：既相同，何故天主重示？答：因爲人多蒙昧溺惡忘壞不想了。

主民第十一章

天主另定妙法以安民，以判頌，以罰罪，再訓修身之規，設欽崇之禮儀矣。諸撒巴外，命三大瞻禮，爲依臘爾人悉上定所參拜主之期矣。一曰巴斯卦瞻禮，祭羔羊，食無酵餅，以念自厄日多之出也。一曰五旬瞻禮，獻初收穀果，以念教之受也。一曰幕帳瞻禮，民皆出屋七日署帳，以念野程也。每瑟奉主命以教律諸端，既寫畢，即宣讀，與民明示主許，倘遵守其誡，賜之以加囊土，加之以百祥。民諾許遵守無違。

且每瑟以犧牲之血〔一〕洒民曰：此乃天主與汝等結盟之血也。如是主以亞巴郎盟再與其胤嗣顯結，以此表日後更妙之盟。以犧血亦表救世者之血矣。每瑟復登山四旬，與主交議，承製盟櫃、證帳之命也。盟櫃者，寶木箱裹；外黄金鑲裹二袼袑衲〔二〕所覆，貯十誡二碑者也。證帳者以錦帛製之，以置盟櫃。七枝金燈、荐餅、金桌、香爐、金案安于其内也。帳門前祭臺。主立亞羅與子孫爲主祭者。諭每瑟釁之。特製祭寶衣。惟其嗣世代襲其職。肋微餘胤，主亦命釁之，以副祭之事爲職分也。證帳者似移堂也。主以之表其與民結之盟。而民行路間得覺主在其中眷顧之也。夫帳者，大主；祭者，祭臺者，各獨一無二也。所以天人以真教真會各特一不多矣耳。

主民結盟第十一章問答

問：天主訓了十誡，依臘爾又訓何理？答：訓書教諸端。問：何謂書教？

〔一〕底本闕「血」，今補。
〔二〕底本爲「袼、袑、衲」。

答：就是那時節天主立的教，因命每瑟書寫，所以名爲書教。問：書教有幾樣規誡？答：有三樣。一樣是修身之〔一〕，一樣治依臘爾民之法度，一樣敬天主之禮儀。問：每年天主定幾次大瞻禮？答：定三次。一次把斯卦，一次五旬，一次幕帳。問：立把斯卦瞻禮有何意？答：意要依臘爾民永念謝主救他於厄日多的恩。問：如何奉把斯卦瞻禮？答：各家祭羊羔，燒吃七天，用酵爲餅。問：立五旬之瞻禮有何意？答：意他們追念感謝天主頒十誡的恩。問：如何奉五旬的瞻禮？答：把先出的新穀果獻天主。問：立幕帳瞻禮有何意？答：意要他們念謝行野路時所蒙降顧之恩。問：如何奉幕帳瞻禮？答：人人都出房屋七天，在幕帳住。問：那三瞻禮的時還有何事衆人該做的？答：都該到所朝拜天主。問：天主立了書教，命每瑟做何事？答：命他宣讀於民，許約若遵守必賜之加囊地方，常降百祥。問：依臘爾既聽了每瑟宣讀天主教諸端許約何事？答：許約遵守不違。問：當時每瑟用何禮表天主與民結之盟。答：把犧牲的血灑于衆民，道此乃天主與汝等結盟之血。問：天主命每瑟製何物爲結盟之表記？答：命製結約之櫃併信證之帳。問：結約

〔一〕底本此處應漏字。

之櫃用何料做？答：用賓木做裹，外黄金鑲裹。問：櫃内貯藏何物？答：貯天主交每瑟的十誡的兩碑。問：信證之帳用何物料製之？答：用錦帛製之。問：帳下排列何物？答：排列結約之櫃，七枝金燈，荐餅，金桌，香爐，金案。問：祭臺設何處？答：設在帳門前。問：天主定誰爲主祭？答：定與亞羅子孫。問：亞羅屬那一支？答：屬肋微一支的。問：肋微餘子孫，天主命他何職？答：命他們副祭爲職分。

野中民惡第十二章

每瑟山上與主議時，依臘民以久不見生厭，遂負新盟，作金犢拜祭之。主欲殲民。每瑟苦求，竟息主怒。下山銷犢，殺擅拜者二萬三千人。復登山四十日，絕飲食，及下帶十誡二碑。其容發光，欲講與民，必幕遮之。維時主欲鎮民判梗，是以繁設重誡，限可獻之牲，定祭禮，禁多般肉，諭沐浴取潔，數諄誡勿交異人，且與加囊叱棄民，愈禁結約娶嫁矣。凡誡或安淨身體，或正治風俗，或另有妙用。路中每瑟陸續受之，民屢逆主命。將入加囊，每瑟遣人細探。及旋聽其誑言，欲石殺每瑟自立，督返厄日多。主亦要盡滅。每瑟代祈，恩獲慈宥。然主罰漂流四十年。衆出厄日多者，除若雪與加勒二人外，其餘皆死野中。惟其子孫得進許地矣。民之三長各勒、大胆，亞卑隆率叛，每瑟地裂大胆亞卑隆，全家人物與各盡吞下。同勒二百五十黨謀鐸德位擅獻香，奇火陡燒之。因是情逆而亡者近一萬五千矣。他日主以罰民之譏怨，使火蛇咬死亦衆。惟每瑟奉主命造一銅蛇，凡望銅蛇者得救於火蛇也。民又與馬的浪女通奸，從之亂拜邪神。主罰死二萬四千人矣。民無情，如何報主恩，如何守得誓盟？可知也。

野中民惡第十二章問答

問：依臘爾民與天主結盟後所許之事都守否？答：沒有守，屢犯天主的誡。問：他們作甚麼事，大犯天主的誡？答：每瑟在山上的時，他們作一金牛，拜祭他爲主。問：此大罪，主要怎麼罰他罪？答：要罰絕滅惡民。問：爲甚不絕滅惡民？〔一〕答：因爲每瑟祈禱息了天主的怒。問：每瑟下山見金牛怎麽處？答：大惱，銷燬金牛，殺拜牛的二萬三千人。然後再上山。問：在山上與天主交議幾久？答：四十天。問：那四十天用甚麽糧？答：総不飲食。問：過四十日下山帶甚麽東西？答：帶十誡的兩碑。問：那時節每瑟的面如何現？答：發光奪目。依臘爾人當不認得。問：每瑟怎麽講得與他們？答：用幕遮面，民纔望聽。問：依臘爾人還做甚麽事大得罪于天主？答：將入加囊時妄驚怕加囊人，要殺每瑟，返回厄日多。問：天主怎麽罰此罪。答：天主罰誓出厄日多者雖極多，只有若雪、加勒二人得進許地。問：還有其中餘人往何處？答：四十年漂流，皆死葬于曠野中。問：各勒、大當、亞卑隆三人犯甚麽罪？答：嫉妒亞羅作鐸德，謀得其位。問：天主怎麽罰大胆、亞卑隆二人？答：將地下裂開大坑，令二人全家人物活活埋下土内去。問：各勒如何罰他？答：天主照前罰二人之法，吞下埋了。他有同黨二百五十人被火燒死。問：還有多少人爲那一件事死了？答：一萬四千七百人。問：依臘爾人嫌路途的勞苦，埋怨每瑟。天主如何罰他們？答：使火蛇咬死許多人，到民痛悔

〔一〕底本缺『民』，今補。

浼，每瑟求天主救他們。答：天主用何法救他們？答：天主命每瑟吊掛一條銅蛇。凡被火咬者而望銅蛇，毒氣即解散了，愈好無恙了。問：馬的漢國人用甚麼計較害依臘爾民？答：使美貌女人引誘他們行邪婬事，拜邪神。問：天主怎麼罰此罪？答：罰死二萬四千人。問：如今有甚麼人比得依臘爾民野中之奸惡否？答：奉教的人若進教後不守規誡，真實比得。問：怎麼比得？答：領洗時，天主救他們魔鬼迷，如救依臘爾在厄日多法老處。天主實願賜天國依臘爾民，許地加囊。奈何因犯罪于天主，爲惱恨了，不把寵愛與他，終落了地獄，受盡永苦也。

每瑟末訓十三章

每瑟率民逮許地界，自未進，只遠望之而已。將死，力勸訓民，令其復結自厄日多初出已約之盟。且布陳以天下萬民無一非造主之民，如何主特選依臘爾人爲本民。斯選非由其功德，乃主仁慈，爲許聖祖之約，白賜之恩。如何主將率之入加囊流乳流蜜豐樂之土，護祐之以敗讐以衍繁焉。今主爲衆厚恩弗欲他酧，惟欲得其愛之全，即曰：汝愛汝神汝主者，宜盡心盡生盡力也。必全守主誡，悉行主儀禮。每瑟又嚴驚民戒。方主命，即代主告之。倘犯誡者必遭荒飢疫戈劫擄，卒逐出許地，散流天下矣。每瑟況預告衆知，天主日後舉先知者，以其生民中似每瑟，其行靈蹟，其結約盟，其立教法，必愈每瑟。此明指救〔一〕世者也。其必生于依臘爾家，若天主已示亞巴郎、雅閣焉。其曉喻人非自山頂火轟之中而威言之，乃以仁和油油交化人也。每瑟未入許地而卒矣。率民進許地者若雪也。若雪原又與耶穌名同，譯救世者，因其預像救世者，是以主表書教未全，非堪比寵教。且二教各倡懸異之義矣。

每瑟末訓第十三章問答

問：每瑟引帶依臘爾人到何處？答：到加囊交界。問：他曾進許地否？答：未曾進，則遠望而已。問：每瑟將死用心作何事？答：使依臘爾人與天主從新結盟，力勸他們不負約。問：每瑟用甚麼道理勸他們。答：把天主至極大多之恩列

〔一〕底本爲『教』，應爲『救』。

陳于民前。問：每瑟教他們做何事？答：酧天主的恩，教他們真實愛天主。問：何以謂真實愛慕天主？答：依每瑟屢説盡心盡生盡力，全守主規誡，便是真實的愛。問：每瑟許約民守誡時得何報？答：許約他安樂住加囊地方，生長繁衍豐富，太平無災禍害他。問：每瑟告依〔一〕臘爾犯誡時必受何罰？答：告必受天旱地荒瘟病，卒被讐人來擄掠出許地，散于天下萬方。問：每瑟還講何大事？答：還講天主日後使大先知同人溫和交接，不可不聽其教訓。問：此言指誰？答：指救世者。問：天主何意令每瑟引民到加囊地方不成？答：意欲示依臘爾人知每瑟所受傳的書教未全，還有缺，必要候救世者來立無缺萬全大成教法也。

民得許地第十四章

主又大行神跡以安其民于加囊地方，若當河停止水流，待民過之，如前過紅海焉。號筒一响，惹俚各域即頹，主使雹連火擊民讐。主依若雪求止日月不動待全其

〔一〕 底本缺『依』，今補。

勝。加囊王雖多,民雖衆,軍旅雖強勇,依臘爾都敗之。蓋加囊人事邪神,溺淫樂,無醜惡不習,因主欲罰其罪,而交與依臘爾敗之。大槩殺之,住其城,得其田,而享用其勞蹟焉。兵戈已休息,其地分十二郡,爲雅閣一十二子之嗣住焉。雅閣臨死囑若瑟得倍地,命其二子額法音、瑪那瑟各立家,是以共有十三支,惟肋微以事信帳務,敬主禮,不曾分地,餘家以產十之一供之,如達支者廣獲膏腴土,其必王餘支故也。如是主以結盟所許之事悉成矣。孰料依臘爾負約,野路中十餘叛外,進許地後猶違主。主命殲滅其舊民,毀化其神像,勿相交結,勿相婚娶,乃其多存舊民,與之交婚,拜邪神,學其醜惡,始試主驚戒之言驗。每違主時,主使讐擄虐害之;每皈依主時,主使督救之,而多治之。即聖經所稱瀝審者也。百祥百殃,隨民順逆而施報與,每瑟預告日符合無爽矣。

民得許地第十四章問答

問:每瑟死後誰引帶依臘爾民進加囊地?答:若雪。問:依臘爾怎麽過若爾當河?答:水停不流,到主民乾足過。問:加囊人最多極勇,依臘爾人怎麽得他的地方？答：天主全能保祐他們。問：天主顯甚麼靈跡保祐依臘爾人？答：降大雹連火連石打其讐。問：還顯甚麼靈跡？答：號筒一響，惹俚各城即頹。問：還顯何靈跡？答：主允若雪祈求止日月不行動，到若雪敗完其讐。問：何故天主如此利害施于加囊人。答：要罰其重罪。問：他們有何重罪？答：他們忘其真主，奉祀邪神，悖性溺色，無惡不爲。問：依臘爾人得了加囊地方分作幾郡？答：分作十二郡，十二支分之。問：十二支係何人出來的。答：都係雅閣十一子出來的。問：十一子怎麼立十二家？答：昔日雅閣命若瑟兩個兒子額法音、瑪那瑟筭爲二支，所以共得兩郡。問：雅閣生有十二兒子，何故單了十一個的子孫分加囊地方爲十二郡？答：因爲肋微一支沒有分。問：何緣肋微支沒有分？答：他支全務天主欽崇禮儀，天主無許同別支理世俗的事。問：肋微一支既無田地，怎麼過得日子？答：天主命那十二支所收土產十分之一分與供養于他。問：依臘爾人既然如此，天主前許安樂，得了加囊地方，忠心奉事天主否？答：不過一二年來仍前背天主，學加囊人惡俗。問：天主怎麼罰他們？答：天主使讐人擄掠他們，暴虐磨難他們，纔來痛悔，又皈依天主。問：他們既又皈依天主時，天主又如何待他們？答：使大德之督來捄他們。問：此督聖經何稱之？答：審者，如阿多聶、惹德翁熱弗得、參宋等都是的。

邪教流行第十五章

主既厚顧依臘爾家，天下餘民遺之迷惡之中任縱慾情，只思己身與他形之物矣。蓋人究本性良知其自生極明矣。觀天地萬物華麗次序，即易知必有全能上智之主，如造而掌管之也。自古祖畧受開闢洪水等懲惡顯蹟之傳，亦說來日審判，他世賞罰之舊説。然因不察己魂與靈性之妙處，即以神爲之形，凡覔有用之物即自神知之，致拜無數之神，臆天上日月星，地下山河海，或各有其神而異安名之不一也。各方就該立其明君技藝祖名人皆爲神，且擬神爲常生之人，不免人之慾情惡狀者，其妻爲之女神，其子謂之半神。又以想之爲不足，更願親近之。所用木石銅等雕塑厥形，以棲其神，面斯偶壉，參拜祈禱，建廟立壇，設祭豊，遵瞻禮之日矣。如是魔他名而自受人之欽崇，假教之稱以陷人于衆惡。蓋邪神之瞻禮槩在戲耍，酒席巴貝爲酒，以飲無度，爲敬之知禮物。女爲色之女神，其廟中養娼妓，淫蕩以敬之。亦有燒祭己孩子以秆穰獄神者也。無數妖賊，因邪神教冒預知通密之名，或觀天象，或覔鳥唱，或驗犧腸，皆妄以爲事之兆，分宜忌之日，解夢竟千萬，邪術蠱天下之人，心情遂壞。無惡不習，性教良知雖存，因人違之，取咎愈重，必待救世者來施恩，人類方除得此大災禍矣耳。

邪教流行第十五章問答

問：天主既使依臘爾從真教，其餘天下民奉何教？答：忘天主而奉邪教。問：人怎麼忘卻天主？答：但人顧肉身與有形之物，是以致忘天主了。問：人既忘天主，拜誰爲主？答：任他亂拜主宰造的物及同類的人。問：他們拜甚麼物件？答：拜天與地，山與河，門戶井灶中霤樹石城隍等。問：又拜何人？答：拜明君忠臣孝子節婦豪傑等人，亂認爲主爲神。問：他們怎麼事邪神？答：雕塑其像，或立主牌，早晚獻香，燒帋禮拜。問：人望邪神何恩？答：望邪神保祐他們得福。問：事邪神的人望何等福報？答：大槩望功名、財帛、快樂、子女、長壽等世界虛福。問：邪神能保祐人生子女、得長壽、高位、享世福否？答：毫不能保祐。問：且人何故求他？答：被魔鬼弄騙。問：何故魔鬼如此哄騙的人？答：一來此魔鬼最驕傲,人拜他,邪神就受其拜;二來他爲人大讐,知道陷害的事,便忘了真主,敬拜邪神。問:事邪神有何害?答:有極深的害,引人今世作惡,末後受永苦。問:人有性教良知怎麼不認真主,倒拜邪神?答:雖有性教存在心中,因不從之,殆歸無用。問:誰救得人類于此蒙昧之患?答:單單救世主救得。問:救世主未來世界比得甚麼東西?答:比得長夜,救世主比得太陽,開蒙照光天下。

達未家王第十六章

依臘爾治于審督而願得王矣。首王名撒爾,係奔雅明支,因犯罪,主絕之。次王名達未,主喜其順心,命先知撒門氏以聖油釁之。撒爾久捕之。既登基,與異民多交利戰終,主息其勞,難便勝諸讐,豐富榮光。王亦忠心事主,專思教法躬行,令民遵守,用權于此矣。達未聰慧,善能詩樂,多作咏以讚主以勸善,至今聖教會日唱之。默基瑟生住撒冷邑,達未亦住之。西翁山上盖宫,移盟櫝安焉。況願建寶殿以置櫝,以行祭矣。蓋自民進許地,未有禮敬主定所。然主示達未以建殿,大業必待其子成,且許約其胤嗣永王信民矣。如斯天主與達未復結舊盟,亦許其民永安,取柔撒冷爲本處。于是受欽崇之禮，而特降眷顧之錫焉。如此夫聖邑者爲表信民所其教會和福者所居天堂之像也。主更示達未高妙義，即救世者爲其嗣，王所王不只依臘爾家，且天下萬民必歸從之。其國祚無終，其爲主祭非依亞羅之例，乃依默基瑟先書教者之例，其爲天主之子，亦爲真天主也。諸端達未獲預示，然亦蒙照，知捄世者未到永福前，必重受苦楚。達未之苦楚惟畧所表者，自彼以後依臘爾所望捄主稱之默契，稱之基利斯督，譯聖油之塗之覺者。因國王及鐸德皆見聖油之塗，即取其義。又謂之達未之子也。

達未家王第十六章問答

問：審督者爲何不常管依臘爾民？答：因爲依臘爾民情願有王管他。問：依臘爾頭一個王是誰？答：就是奔雅明家撒爾氏。問：撒爾傳王位幾代？答：沒有傳子孫。問：何故沒有傳子孫？答：他犯天主的命，所以天主棄絕他。問：天主棄絕撒爾後立誰爲王？答：立如達支達未氏。問：達未如何做王？答：做聖德大能之王。問：怎麽顯聖德？答：撒爾常謀害他，他到忠心事撒爾，一些報讐之心都沒有。問：怎麽顯大能？答：他攻許多讐，無不勝了。問：這樣大能他從那裏得？答：都是從天主特祐來的。問：何緣天主特祐達未克諸讐？答：因爲達未順主心。問：達未如何謝天主的恩？答：把天主教法時刻記在心，又令一國人遵守。問：他欲讚美天主勸人行善用何法？答：做許多詠，到如今聖教會日日唱之于天主堂内。問：達未定何處爲京都？答：默基瑟舊都柔撒冷，達未亦選之爲京都。問：結約之櫃安在哪裏？答：柔撒冷内西翁山上。問：何故不做天主堂以安結約之櫃？答：他一心願做，所以大天主堂的樣子，許多材料寶貝都預備定當了，然天主止住他説：要等他死後，他的兒子纔成此大功業。問：達未要蓋天主堂好念頭，天主怎麽賞他？答：許約他的家永有王位，而救世者生爲他的子孫。問：還示達未知救世何情？答：示他知救世主必爲主祭，依默基瑟之例，其爲王爲天主之子，而爲真天主性，該先受極重之苦，而後服天下萬民。問：自達未時捄世者如何稱呼？答：稱呼默契、稱呼基斯督。問：默契與基斯督二名何解？答：二名同義，解聖油所塗者。問：救世者何緣如此稱？答：那時節凡做王或做主祭者，受聖油之塗。救世者兼王與主祭之真任，因此稱呼他默契與基斯督。問：還有何稱？答：稱達未之子撒。

撒洛蒙王第十七章

達未諸子中，主選撒洛蒙襲王位，以像默契之榮光。蓋撒洛蒙常享太平，依先父遺之圖，用其備之料而建主殿，即營一所富華宅，黃金鑲裏。其內而分二間，最深秘者爲聖所之聖。于是製盟櫝二，袧袻之下，惟教尊每年攜犧血一入焉。是以聖所之聖表天堂先閉與人，而後基斯督賴本血功開入者也。祭臺設殿前大場廊廡所徧園，另有廳房以住主祭執事者，以備凡禮需物矣。依臘爾國獨有此殿，無別祭臺，以表真主真教會惟一而已矣。撒洛蒙得世至福，依臘爾外異民多歸順之，其金銀寶財無罄也。世樂無所缺，更有非肉樂形財可比之妙處，乃主所賚睿智過天下人者也。夫智猶可考，于其書中詳之，即真智在修德可明矣。上主之智爲他智之泉也。夫智亦自表己情于撒洛蒙書中，接其言：當初天地海淵未作前，其存函在真主内；主做諸工時，智不離之，且陪玩做。又言：其最樂與人偕住，請人親就之，取其寶庫以爲富，吃其殽筵以餍足，即愿人滿獲其道理爲常生永福之本。撒洛蒙諺經載上智諸言如此矣。撒洛蒙又述歌曲，借人間至親切愛夫婦之情，而揚主愛聖教會之深情矣。

撒洛蒙終負主厚錫，及老迷於色樂浪，娶異方之女，從之禮，拜邪神。主聽之，如是衰弱。以至人之罪，而指現世豐富快樂之險危。且撒洛蒙親謂：日下萬事皆虚盡禍，胡可疑。

撒洛蒙王第十七章問答

問：達未死後誰做依臘爾國王？答：他的兒子撒洛蒙氏。問：撒洛蒙朝表甚麼東西？答：表默契的熒光。問：怎麼表得來？答：撒洛蒙治國常太平豐富。問：撒洛蒙做甚麼大功業？答：用達未遺材規模建聖殿。問：聖殿如何分？答：掛錦帳而分前後間。問：何等的人進得前間？答：凡主祭者有事時取潔後得進。問：聖殿後間叫做甚麼？答：叫做聖所之聖。問：何等人進得聖所之聖？答：天下單有一位大主祭教尊得〔一〕進。問：幾時得進？答：不過每年一次。問：進的時行何禮？答：把犧牲的血奉獻于天主纔敢進。問：此禮表甚麼意思？答：表日後

〔一〕底本爲『德』，應爲『得』，今改。

默契獻本血立功開天堂之門，因此吾主耶穌死時在聖所之聖前，錦帳裂開了。問：祭臺撒洛蒙安他在何處？答：在聖前大空地。問：依臘爾國有幾多聖殿、幾多祭臺？答：通國只有一座聖殿，一個祭臺。問：何故天主命如此？答：欲表真主真教只有一無二。問：撒洛蒙費無數金銀寶貝建聖殿，天主何以賞他？答：賜他越發豐富，依臘爾外四方都進貢。問：撒洛蒙更受天主何厚賜？答：天主賜他聰明睿智過天下的人。問：撒洛蒙得享何等的福樂？答：各樣世界的福都享了，無所缺少。問：撒洛蒙敬愛天主自始至終否？答：他到老心都變了，溺色、拜邪神。問：何意天主許撒洛蒙陷如此重罪？答：欲教萬世人明白知世界的福樂與德行難以久長相合也。

十支裂教第十八章

撒洛蒙亡後，天主罰其罪以裂其國，如達、奔亞明二支服庶子羅般氏。餘十支，從厄法音支人熱洛般氏。熱洛般慮恐十支民往柔撒冷聖殿禮拜天主，漸背己歸達未家王，所以壞其教乘，多愛壊偶邪情，即造二金犢，安在本國邊際，二處立祭臺，命非肋微支人爲主祭,任臆定瞻禮之日,令衆俱學之,而以後主舊民裂教再不復合一矣。所謂裂教者,乃教人離聖而公會也。聖而公會乃存有真教諸端,無一謬,有倫序并証郊。維時天主所命聖教約櫃祭臺俱在柔撒冷聖殿内,所行禮儀,所奉瞻禮日,主教主祭執事,無非天主所命,故柔撒冷爲聖而公教會之本所。蓋自天地開闢以後,夫公教會常流傳不絕。每瑟接亞巴郎傳之道,亞巴郎接諾厄,諾厄接額諾格,額諾格接瑟德,瑟德接亞當矣。書教時,聖而公會亦名尋俄迓如,今名厄格勒西亞,二名同義,譯曰:集會,其一無裂。欲裂之者不在其内也。熱洛般王所立十支國名依臘爾國,厄法音國後起,撒瑪列邑作其都,亦名撒瑪列國。達未嗣攸王國名如達國,如達、奔雅明、肋微三支服之。蓋肋微人原散十二支郡間,因被熱洛般拆其主祭本職,都歸如達國。況十郡内有多善者,忠心事依臘爾王,而不從裂教異端,不拜金犢,乃往聖殿禮拜天主。如達國歷王雖係達未子孫,然有多不法達未規模,有暴虐者,有溺色者,有敬邪神者,亦有從善者,如達民守教規于外貌然,槩爲怕世患,望世福。事天主,懷愛天主善義,誠心者鮮矣。

十支裂教第十八章問答

問：撒洛蒙的罪天主怎麽罰他？答：撒洛蒙亡後，天主分其國。問：國十二支有幾支服撒洛蒙的兒子？答：單如達、奔雅明二支。問：其餘十支從誰爲王？從熱洛般。問：熱洛般屬那一支？答：屬厄法音支。問：他要阻當十支的民往柔撒冷聖殿禮拜天主，用何計較？答：裂教。問：裂教何解？答：離聖而公會，自爲別會，便是裂教。問：真教有幾會？答：總是一會，共萬世萬民。問：十支民既不往柔撒冷禮拜天主，拜誰爲主？答：熱洛般造兩個金犢，安在本國邊際兩處，教民禮拜。問：十支的人都從熱洛般王邪教，拜金犢否？答：大槩從他，只有善人雖别事順王的命，惟裂教拜金犢異端不從順，乃往柔撒冷禮拜天主。問：熱洛般王所立十支國名叫甚麽？答：名依臘爾國、厄法音國、撒瑪列國，三名便是。問：達未子孫所存的國名〔一〕叫甚麽？答：名叫如達國。

〔一〕底本爲『名國』，今改。

衆先知時第十九章

十支裂教以後，天主使先知益多以慰真信輩，以化逆惡黨也。蓋蒙聖神默照通徹祕密，或逆知未來之情，信口傳天主旨，斯乃謂之先知者。以前每瑟、撒門、達未、撒洛蒙等是也。然以先知稱，特指遁世專務精修之輩，類今修道者也。所現德跡，即樂貧、持齋，以套以皮爲衣。若自己避交接，專習教經，候主命，而後出訓民也。額列及厄利叟二先知，其名最著，因依臘國道衰危，故天主使二聖教振之。亞假伯王從信邪神，額列罰厥罪以三年半無雨。一日使自天火降爐厥犧牲，而斥辱邪神之徒。又一日復生死孩，且多行神跡。終有火車舉之空中，至今未死。天主存之偕厄諾格焉。厥徒厄列叟繼厥責，亦大現靈蹟。所以幾王連外教者敬重之。及亡後，死人偶挨聖屍者即復活。雖然，歷先知大槩受王之害。蓋諫王罪遭虐死者亦有之矣。當時假先知多舉，即冒天主照遺之名者，諂王諛民徇衆臆，預指後情捨羞〔一〕拂真先

〔一〕底本爲『羞』，應爲『差』。

知之言，後事隨符否，乃辨真假先知，是以諸先知言皆録而謹守之，以對情矣。

衆先知時第十九章問答

問：十支既裂教，天主何慰善人而勸化惡人？答：多使先知。問：怎麽樣的人呌做先知？答：蒙天主默照通祕密或未來的事，信口傳天主聖旨，便是先知。問：十支裂教時，先知規矩何如？答：大槩遁世而居山上修道、持齋、守窮、穿粗套皮衣、克己、務經教等善事。問：他們幾時出來講道理？答：奉天主的命纔敢出來。問：衆先知中誰名聲最大？答：額列與厄利叟二聖人，其名出衆。問：額列有何靈跡？答：有惡王從信邪神，額列罰他三年不落雨。問：又作何靈跡？答：使火從天來燒他祭天主之犧牲，所以大顯天主全能而辱邪神之徒。問：還作何靈跡？答：復活死的孩子，另行許多講不盡的靈跡。問：到幾時纔死？答：他不死，有火車帶他天主所備安所司額諾格，至今還存，候世末。問：誰繼額列教化依臘爾民？答：其徒厄利叟。問：厄利叟亦行神否？答：亦行許多，及死後有死人偶挨聖屍的即復活了。問：國王與民怎麽待先知？答：大槩恨他們，亦有害死的。

問：誰啖王及民害先知？答：假先知便是〔一〕。問：何謂假〔二〕先知？答：非天主差而自冒爲天主差就是。問：王與民怎麽敬信這假先知？答：假先知最謟王而順衆人的情，所以取人的歡喜。問：先知既有真假，何以分别？答：若信天主而所先講後來之事相符乃是真先知，若不信天主或講而後來不符便是假先知。問：有時不認天主的人如道士、打卦等講後來之事如何解？答：或是偶然之事，一百不着，中有二一着；或是魔鬼計較，欲害害，天主許之，以試善人真信否，到底所先説之事，不過淺近易猜之事，萬萬比不得天主差先知預講深遠之事情。

先知預言第二十章

先知十有六，其書猶存。依賽熱肋滅額瑟濼等皆是。編短者，俗名之小先知也。凡書所載乃先當時語衆之談，以責罪惡，以勸之悔前非，除邪偶而歸真主也。

〔一〕底本爲「更」，應爲「是」。
〔二〕底本爲「答」，應爲「假」。

敬邪神之罪，比之以奸污；尋俄額比之以淫婦，欺嫌良夫而濫交奸黨者，所以畧形事邪神之醜，使人痛悔之矣。先知訓間多有指後情之言，且親切謂之預言也。夫此預言指撒瑪列國必將凋敗，依臘爾民被擄移遠方，除罕稀附如達同一督歸者外，其餘不得歸，再不作主民。又指把必隆王將敗如達國，頹柔撒冷城，燬聖殿，擄民往把必隆住七十年，而後西吕率伯爾撒與默達二國之軍旅攻把必隆，解如達擄，放之回本國，聖殿再建，京城復立，民得原業，先遭殘捕而後脱諸讐害，增獲光榮矣。夫預言槩屬今世國家之遷變，況其間多有更要愈大者，即屬靈善後世之永福也。蓋諸先知談民自擄方歸諸言之中，亦細表默契之將臨，其受苦難，其立神國，召異民棄從古所狥邪教而歸正道矣。明指將結新盟，使人忘出厄日多時之舊盟。其親訓人而銘教法于其心中，賦己神與各等人，俾能逆知後情。主之役默契者將負民之罪，無辜被欺辱。若衆人之末賤，而爲救他人似綿羊被牽屠戮。夫默契，達未之子，異民將仰望之，雲來柔撒冷，承其教令而欽崇真主，後殿較先殿愈加熒輝，主良民終享厚福，非目所見、耳所聽、心所想可比之也。救世主生誕行跡，死歿大端，先知皆預録之。然因其指國家暫事槩寓表天國永情，而兩説多參合。又因其默契之卑難與熒福二境兼示喻，是以其書多有晦奥處矣。

先知預言第二十章問答

問：諸先知中有幾個編了天主所默照之言？答：有十六位。問：先知經底歸幾端？答：歸三端。問：何謂三端？答：一訓民責其罪，一先示國家之事，一先指救世將來之情。問：有何罪先知最責醜？答：從信邪神之罪便是。問：先知以何比方形容斯罪之醜？答：比之淫婦欺良夫，而從奸徒者之醜。問：先知預講撒瑪列國何事？答：預講天主將以遠方仇來滅國擄民往遠處不得回來了。問：先知預講如達國何事？答：講把必隆王來破京城燬化聖殿擄民往把必隆七十年。問：先知言其七十年後有何事？答：言西吕王攻把必隆放如達民回本國，復建聖殿。問：先知預載救世何事？答：細備載其事，説其將生于童身女，曰白冷郡内有遠王來朝等情。問：先知亦講救世主的苦難否？答：亦明講，乃説其無罪，而爲我等之罪甘心受極苦楚至死惡人間。問：先知言救世主死後如何？答：言其大得永光，復活升天，賦聖神廣訓萬民，公審判，賞善罰惡人。

把必隆擄第二十一章

凡先所指皆驗矣。天主即寬容依臘爾王與民之罪，屢用厥役聲勸之悛悔，數警責之，如是久而不見改，卒顯發義怒，而負之與其仇，撒瑪列城國滅民擄，散往遠方。亞西列王遣異民住其土矣。依臘爾亡後，如達國猶存一百餘載，見依臘爾所遭之嚴罰尚不以爲戒鑒，主付之于把必隆王那卜各氏。其殘柔撒泠，燬殿搶聖器擄帶民，而遺土幾乎空荒矣。聖殿雖燬，祭禮雖止，然教統常存。蓋如達民在把必隆左道惡俗盛旺之所，猶遵每瑟之教法，守先祖古傳。夫把必隆大邑以滿城敬假神，行邪術，猜後情，溺于醜陋，即爲壞世惡黨之像，其惡徒以勢數槩勝主善役，而此多遭彼之抑害也。當時那卜各爲至能之王，性傲虐，令造金像甚巨，命衆民拜之，如達三聞童毅然不狥，詔王令擲之爐烈火之中，厥體全無損，安然唱歌讚頌天主焉。王異神跡，方識上主之能，而命諸民敬之矣。又那卜各與後繼幾王屢訝達泥爾睿智，其賴主祐所行之神跡亦明証真理如是，外教民始得知正道矣。來達泥爾是如達王苗裔，既被擄入把必隆京，因功才昇高職，而國最大責任之。然其行至清廉善聖天主默啓之，多通後情哲指列朝歷變興載之數，至默契之來。默契將被本民殺，所以柔撒冷與如達民永敗矣。

把必隆擄第二十一章問答

問：先知既勸依臘爾、如達二國人棄邪神歸天主，二國人聽先知否？答：都不聽。問：天主怎罰依臘爾國人？答：使亞西列國王破撒瑪列城，擄民去遠方。問：依臘爾人遠方後有甚麽人住其國？答：亞西列王使遠方雜民住裏面。問：依臘爾國敗後，如達國還存否？答：還存一百餘年。天主等他改過。問：如達人見依臘爾受重罰，他終改邪歸正否？答：又不改。問：天主怎麽罰他？答：使那卜各來破柔撒冷城，燒燬聖殿，搶奪聖器，擄掠民去把必隆，而丟空地方。問：把必隆本民是何等人？答：極異端惡俗之人。問：聖經内把必隆表甚麽東西？答：表世俗惡黨。問：如達人處把必隆時學惡俗否？答：不學，謹守每瑟規誡。問：那卜各王性子如何？答：極傲虐。問：他行何事露其傲虐？答：造大金像命衆民拜之，若有不拜，罰以火燒之罪。問：有誰人敢不拜？答：如達三位大德少年，死不肯拜。問：王怎麽罰他們？答：使兵卒綑他們手足，丟于猛烈火爐之中。問：他們在火中何如？答：蒙天主保祐一毫不受火之害，暢快自焰中揚揚讚頌天主。問：王覩斯神跡怎麽處？答：認天主全能，諭衆敬之。問：天主還用誰發顯自己的大能，與把必隆王民都知道。答：用達泥爾先知。問：達泥爾原是誰人？答：原是如達王的子孫。問：他怎麽發顯天主的能？答：他行多般神跡，又忠心事把必隆，作大夫時節，其德行清光。問：天主啓達泥爾知後來何事？答：啓知預載列朝之變與年數，到救世者降來。問：還預載何事？答：預載救世者將被本民害死，所以天主敗如達國。

如達復國第二十三章

如達既住把必隆擄地七十年，西吕氏伯爾撒王者克把隆，放之本土，復建柔撒冷之殿矣。鎖巴白氏，如達支長者，率民歸斯德拉氏主祭，極明教義者，訓民而輯列卷聖經矣。當初撒瑪列人及餘主民之仇阻之復立聖邑之城。夫撒瑪列人乃亞西列王昔使依臘爾地方者也。欲守每瑟教法，然初時并敬邪偶矣。柔撒冷終得再立，摒黑滅氏完厥城之功。民散住各方而仍種田土。伯爾撒國存時，如達任意遵聖教毫無礙，而享太平。當時無先知，乃因自克預言，日後有所驗，即足堅心，是事主比昔更加忠心，而盡絕志向邪神之舊情，且勸異民認崇真主。其多留滯把必隆等伯爾撒國諸方者，益加務宣揚主之義，而真教之聞普傳行，異民之賢奇訝妙理而究論之焉。伯爾撒國果敗如達，泥爾預先語焉。亞肋贊氏馬色多大王率額撒人克之，然如達之政未改矣。亞肋贊死後，其將厥國多羅茂家立國于厄日多，以亞肋贊邑爲都；瑟漏具立國于西列，以安多家邑爲都。從二國分以後，如達屢遭其擾亂。如達人多漸衍于馬色多國與額撒各方，而廣敷真主之義。蓋主散之于異民諸方乃此也。

如達復國第二十二章問答

問：如達民被擄在把必隆幾久？答：七十年。問：誰放他們回國。答：伯爾撒王名西吕者。問：誰作督領他們回來。答：如達支長瑣巴白者。問：誰訓民而輯聖經？答：斯德拉主祭者。問：如達民到本國就務甚麼事？答：就務立聖殿于〔一〕柔撒冷城。問：誰阻擋他們速就成其功業？答：撒馬列民合餘鄰仇。問：城與殿之功業幾時得成？答：到搦黑滅奉伯爾撒王旨來成之。問：誰敗伯爾撒國？答：亞肋贊大王。問：亞肋贊死誰得他國許多地方？問：他的將軍相分了。問〔二〕：那時如達民如何？答：大槩在本國，亦有多散異民諸方。問：何故天主使他們散異民諸方？答：願他們宣揚天主之真理，漸預備異民沾默契教化之洪恩。

瑪嘉剖情第二十三章

西列王安多居氏顯者，欲強如達民背本教改古規，而從額撒邪術壞俗，乃突入柔撒冷，瀆殿廢祭，而如達民凡不犯主法者皆殺之。諸致命之中有七弟兄，王面命加之殘酷刑，厥母以復活享福之望勖之。瑪嘉剖家儒撻氏持戈以保國統，以救真

〔一〕底本爲『與』，應爲『于』。
〔二〕底本爲『答』，應爲『問』。

教，尚依棲之地，與信民忠烈數人協附之，兵雖絶少，而主祐之獲勝，復得柔撒冷，淨殿，仍前立祭而全救國于異民之梔。列弟兄之一西滿氏衆認之爲民首，爲教尊。其爲亞羅嗣，衆托之統權至忠。先知達末子基斯督臨格西滿之歷嗣稱王，然厥祚未久存。蓋羅瑪人既得天下巨分，又朋栢約氏率之勝東方。且西列與如達二國之王，然黑落忒用計先幸寵于儒畧色撒氏，後與奥斯得奪占如達國，靠羅瑪勢王焉。原來黑落忒于如達異方，而同教外着認教守規的樣，素性極惡，無他教，惟謀高位，而多横術酷虐，骨肉無情，妻與數子亦殺之矣。

瑪嘉剖情第二十三章問答

問：西列王誰大害如德民？答：安多居顯者。問：如何害？答：興兵突進柔撒冷，褻瀆聖殿，強民背教，拜邪神。問：不從命者，王怎麽處之？答：殺戮之。問：那時節爲義致命者誰名聲最大？答：有弟兄七個名著，惡王先許世界各樣福樂誘他們的心，後見他們不依從，加極苦之刑殺他們。問：誰勸他們如此堅固守道？答：母親勸他們。問：母親用甚麽道理勸他們？答：列陳主無數之恩與後復活常生大道理，教兒子爲天主甘心捨命。問：如達民如此苦難竭力救他？答：瑪嘉剖家儒撻興兵復獲柔撒冷，淨退異民。問：儒撻死後誰管民？答：其弟西滿。問：儒撻與西滿不是如達支，怎麽管得國民？答：如達民自舉他掌管，所以國權沒有出如達支。問：誰敗瑪嘉剖家的權？答：羅瑪的將軍。問：羅瑪將軍立誰爲如達王？答：立外國人名黑落忒者。問：黑落忒係何等人？答：係詐僞殘忍之人，外面裝扮從教，内中實無教無情，將幾個兒子連妻子都殺了。

主將臨時第二十四章

邪神之教猶然橫於天下，但額撒多有儒者詆論之于聰慧士前，小民所從之教無據，惟以詩林之訛舛認，真儒明見其怪誕不足信，而極知神主天地者，較庶俗攸敬之諸神迥異，然不敢公揚起辨而距闢已定之教規，不過私議論，輕之擬之爲馴服愚民術權，自亦衆行外禮，既不望得真道，恣縱極醜慾取淫樂，無所不至矣。獨有如達欽崇真主者也。撒瑪列人亦表事之之名，然與如達相恨，死不肯合每瑟，經認之餘先知都不服之，自立殿于加里星山上，而爭之爲宣禮拜主之本所焉。如達中教法亦衰矣。其中有撒都與法理二門。撒都者不信人之復活、靈神不死、天神之有,而以天主爲有形像者也。富豪與主祭多染其粗謬之異端也。法里叟者存真道正脈,無形之靈魂、肉身之復活、後世之常生諸端皆信之,以嚴守規誡爲專務,然多雜猥屑之儀,玷真教,殆廢主誡,以培其人傳焉。因外表道德之樣最能動聳庶民,然大都詐僞,内藏貪悋好高餘惡情壞心矣。

主將臨時第二十四章問答

問:救世主將來時世界如何?答:邪教仍舊滿天下。問:人拜誰爲主?答:大槩拜塑偶邪神。問:塑偶邪神之虚假是誰曉得?答:額撒儒者有多少曉得的。問:儒者既明曉邪神之虚假,怎麽又拜他?答:他們怕得罪人,因見當時國俗尚敬邪神之禮,所以順從之。問:那時節撒瑪列人如何?答:他們棄絶了塑偶邪神,而認真主。問:既認天主何以不從真教?答:他們與如達不相和睦,所以不肯到柔撒冷聖殿禮拜天主,從信聖經亦不全。問:如達那時節如何?答:天主教之中亦漸見衰慢了。問:教士分幾家?答:分撒都及法理二家。問:撒都家有何説?

答：說無鬼神，人人不復活，天主有形像等異端。問：誰從其說？答：豪富多從之，亦有主祭從之。問：法理家如何說？答：他們存真教脈絡，明辨天主鬼神肉身靈魂今暫世後常生人道理。問：法理家有甚麽弊病？答：于天主誡規中妄雜自立規矩而持守之。問：他們還有甚麽不好事？答：有多詐僞的外裝飾端正，而藏其極惡之心也。

如達望救第二十五章

如達視己爲亞巴郎之後，生倨傲心，視他民爲卑污，爲天主厭棄之人，而甚輕慢之，以已統理天下爲當矣。如是羅瑪政之。羅瑪人之僕黑洛忒王之心甚不甘伏，惟候默契之來以逐叛反。蓋其注念經内預表默契凱榮之言，而以先知彰著其能大攸用之寓喻錯認爲直語，是以謬臆默契必作王，似世俗之王，其武勇勝達未，豐富過撒洛蒙，如達肉人如此矣。但稀如達靈人謹守歷先知之傳，而明知主許約之辭更高妙，基斯督將賜之詳，較今世大特來贖罪，而建聖德，必立新盟，比舊盟益全，而刻之于人心之中。其將賦恩祐助人守教法，而古教所畧像之義，其實大成矣。其使萬民歸真主之道，而其國朝屬後世矣。如達民賢者不肖者而望救世主，雖不同意思，然其見救世主降來定期已滿皆同。蓋先知餘〔一〕言已有驗矣。昔雅閣臨終示子國權出如達家時，救世主纔來。今觀異方人黑洛忒作王日違教法，又達泥爾預然救世主來年數已滿，是以如達、撒瑪列二國人無不日望之矣。

如達望救第二十五章問答

問：黑洛忒作如達王，那時節衆民覺了甚麼事？答：覺救世主必定將來了。問：他們怎麽覺得此事？答：古時雅閣臨終示其子國權出如達家時，救主纔來。當時黑洛忒非如達人而作王，所以如達人明曉得救世主今該來。問：如達人有何心望救世主？答：如達民大槩爲貪圖，亦有幾個善人。各樣的人望救世主，心不同。問：如達貪圖人何心望救世主？答：一謂圖世虛福而望救世主特來滿此心。問：他們想救世主該有何裝扮？答：他們想救世主該作世界大國王興兵服天下萬

〔一〕底本爲『餘』，應爲『預』。

民，而封本國人作官，享安樂。問：他們怎麼如此妄想？答：聖經所讚救世主大能榮光，他們私臆錯解。問：如達善人何心望救世主？答：望來贖其罪，開心之蒙，扶祐其懊弱，以真修道德。問：他們想救世主該有何裝扮？答：想在世界立各善德極妙法。問：他們怎麼如此明白？答：他們謹守先知的傳，常求天主光照而清心查聖經之義，所以得明白了。

救主聖誕第二十六章

當黑洛忒如達王、奧斯得羅瑪天子之時，如達民間有精粹聖女瑪利亞氏適聖人若瑟氏，而共矢願守童身。瑪利亞、若瑟皆住在加理辣省，納匝肋小邑內，其屬如達支，而係達未苗裔，然窮乏。而若瑟以木匠爲藝耳。天主遣使神報知瑪利亞主選之爲基斯督之母，使神謂之曰：爾將孕生子，必名之耶穌，其爲大而至之子，主與之達未之座，永王雅閣之家。使神既益語其爲母不損童身，惟倚聖神之工，全能主異跡，而得生是子。瑪利亞方應諾，而立刻受孕矣。天主原前生平以厚寵滿瑪利亞以備斯妙情之成也。且所懷聖孩既同父爲一天主，今又類我等，實爲人，所殊者只有自有聖德,於罪污無涉也。其生子于如達支士小邑白冷,昔達未生之所,如先知預告焉。蓋奧斯得下諭該民各在本土報名上籍,若瑟、瑪利亞奉命往白冷,店無所投宿,且落馬房,而母生子焉。生前後其貞全然無損矣。襁褓子置之于槽内,是夜有數牧者聽使神而得知救世主纔生于白冷之大報,即往敬之矣。

救主聖誕第二十六章問答

問:救世主幾時來?答:奥斯得作羅瑪天子黑洛忒作如達王的時。問:誰作他的母親?答:瑪亞利〔一〕。問:瑪利亞原是誰?答:原是達未家苗裔,精粹德的女。問:他嫁誰?答:嫁于聖若瑟,而兩個都守童身。問:瑪利亞如何得知天主選他爲默契之母?答:天主特差使神嘉俾爾報知他。問:瑪利亞聽使神之報如何答應?答:説已定心守童身。問:那時使神如何説?答:告他將生之子非由人道而生,乃全能天主聖神妙工,毫不損動母之童身。問:瑪利亞既聽使神如此告,又

〔一〕底本倣『瑪亞利』,應爲『瑪利亞』。

應何説？答：纔諾，乃謂使神曰：主之婢女在兹，希惟如汝言至成於我。問：瑪利亞應諾了有何事出來？答：立刻天主做人。問：如何做人？答：一面天主以瑪利亞之血化成肉軀，賦之靈魂以成人之性，一面天主子結合之而成基利斯督。問：基斯督在何處降孕？答：如達國加理辣省納匝肋邑內。問：在何處生？答：白冷郡內。問：從納匝肋怎麽到白冷郡？答：當時天子命天下人在本土報名上册，白冷爲達未本鄉，瑪利亞若瑟原土，因此往到。問：瑪利亞在何房生基斯督？答：馬房内裹。問：如何在馬房裹？答：他無錢極窮，故以店房無人留他。問：基斯督既生，誰來敬他？答：當夜幾個守晚之牧夫即來敬看。問：那些牧人怎麽得知基斯督生在馬房？答：使神報知他們。

耶穌童幼第二十七章

耶穌既生八日，依古經受割而始得耶穌之名，如使神言焉。耶穌二字本義即救世者，因來捄厥民于罪，有其名也。四旬既滿，瑪利亞上殿遵古教二禮，一曰取潔童身生子不拘是禮，乃甘心行之，一曰獻首子。時有老聖人西默紅氏、聖寡婦能先知者亞納氏並証耶穌爲素望救世者也。異民之中初欽崇數瑪日也。白爾撒國務教學士曰：瑪日其望異星隨行自東而來，問如達王新生者何在？既遇之，朝拜獻黄金、乳香、沒藥。黑洛忒爲瑪日之來甚驚駭，恐疑新生嬰致革其國位，下令于白冷界，凡二歲以下孩子盡殲之，即教會所敬諸聖嬰致命者也。若瑟預獲使神之告，而攜耶穌與瑪利亞避往厄日多國，待老黑洛忒死，而後回居納匝肋。耶穌漸長壯，厥寵智恒滿矣。若瑟雖未生之，而得其父之稱。至十二歲依教規往柔撒冷奉巴斯卦瞻禮。父母不見踰三日，遇在殿坐教士中同辨論，無不異厥所答奇味。從若瑟、瑪利亞返納匝肋，而孝順之日愈增，齡與智寵于天主及衆人面前同若瑟行木匠手藝，如是隱藏至三歲，而主自幼時專務謙讓窮乏，殷勤。殷〔一〕立法，欲我等遵依耳。

耶穌童幼第二十七章問答

問：吾主幾時纔得耶穌之名？答：生後八日受割時。問：耶穌二字怎麼解？

〔一〕底本此處疑多植『殷』字。

答：救世者便是。問：瑪利亞生耶穌後四十日又行何禮？答：行古教二禮，一曰取潔，一曰獻始子。問：瑪利亞童身生吾主耶穌，何故行取潔之禮？答：不必拘此禮，但怕壞規矩，所以甘心遵守。問：瑪利亞與若瑟獻耶穌時遇誰在聖殿？答：遇西默紅聖人，又遇聖婦亞納。問：他們見耶穌有何心？答：滿心歡喜，認之爲救世主，到處讚頌其恩。問：異民中誰先欽崇吾主耶穌？答：數位瑪日自東方特來敬獻禮。問：他們怎麼知道吾主耶穌的聖誕？答：天上現異星，天主又默祐他們明白知道。問：黑洛忒見瑪日來心裏如何？答：他王掛慮的心，不過即出軍令，往白冷界內，凡生二歲以下的孩子都殺戮了。問：吾主怎麼得逃命？答：天神預告若瑟速帶耶穌與聖母瑪利亞往厄日多國，等候黑洛忒死後方回來。問：既回來在那裏住？答：在納匝肋住。問：可遵順父母？答：甘心孝敬聖母與聖若瑟。問：務甚麼手藝？答：同聖若瑟做木匠的手藝。問：到幾時始講道理？答：到十二歲時三日離了父母往在天主堂司教中論道理。三日後，父母尋到主堂同回家，仍舊孝敬二親到三十歲。問：何故如此久隱藏？答：吾主立謙讓、忍耐、樂貧、孝順、行善的表樣，都是勸我們的要學他。問：若瑟是吾主的父親否？答：不是真父親，但養吾主耶穌，因稱吾主的父，而吾主孝敬他如父。

若翰付洗第二十八章

第白署氏羅帝十五年，般雀比辣多奉厥旨督如達土時，顯出巨先知若翰氏。先有使神許之，與其父撒加列氏司祭者，其母依撒伯氏，與瑪利亞親戚者，素荒眙，終恃主異能生之，生平居野苦修勝古知，以黄蟲野物爲食，以駝毛爲衣，現遊沿若當河野地，勸衆苦行悔工，因天國已近也。如達人自虜回以來，五百餘載間未見先知，是以雲集來觀且聽之。若翰示衆以己爲昔預知所指默契之先驅，特來報其臨格，備人迎之也。凡表改過歸正之意，若翰滌洗之于若當河，即使之洗澡，像古教人依例法常行取外潔之沐浴也。如達民異若翰聖德，欲認之爲斯督，且實告衆以己非基斯督，曰：有將來者，其能勝予，予弗敢當解厥綦，其以聖神洗汝衆也。若翰之洗不過預備人承耶穌之洗固矣。耶穌肯受若翰之洗，以表各善之法，以付神能與水類也。受洗時，天開，聖神托白鴿之形，而明現有聲自天響曰：此爲吾寵之子，吾心所喜悦者也。若翰又屢証揚耶穌時曰：厥寵無量，我等皆自其滿而受耳。蓋教法以每瑟而得聖寵，真理以耶穌而得成矣。從來無人見天主，其獨子在厥懷者賜我等識之。

又指耶穌曰：此乃除世罪之羔羊，是以明示書教之犧牲。惟畧表之而已耳。

若翰附洗第二十八章問答

問：吾主耶穌將出身講道于世，先有誰人來引帶人認信之？答：天主先差大聖人若翰。問：若翰父母有何名字？答：其父名匝加列，作主祭。其母名依撒伯，與聖母瑪利亞有親。問：匝加列及依撒伯怎麼生得若翰？答：天主全能保祐他們。問：何謂天主保祐他們而生若翰？答：二位夫婦從未有生育，到年老天使特遣使神報之匝加列，其將生若翰，豈非天主全能之功？問：若翰自年幼務甚麼事？答：離親野居苦修。問：野居食甚麼東西？答：食草蜢與野蜜糖。問：穿甚麼衣服？答：駝毛作苦衣，而用皮繫腰。問：幾時纔出來敷教？答：天主特命的時。問：爲何天主特命他出敷教？答：要他作吾主的先驅。問：先驅何解？答：先理整路途以方便後來者之走便是先驅。問：若翰怎麼作吾主的先驅？答：勸衆人痛改罪過以受吾主的恩。問：若翰稱洗者有何故？答：凡聽其説向善改惡者，若翰洗之。又吾主甘受其洗，故稱洗者。問：若翰洗人之禮有聖教洗禮之效驗否？

答：沒有，不過先表聖教洗滌之禮而開其路。問：吾主耶穌收若翰之洗有何意？答：要立各善之法而聖水爲洗滌之妙用。問：若翰吾主耶穌時顯何異跡？答：天開，聖神以白鴿之形降臨，而父發聲曰：此乃吾所喜悅之子。問：如達民要認若翰爲誰？答：要認他爲救世主。問：怎麽後來不認他爲救世主？答：若翰明說己不是，乃吾主耶穌是也。問：若翰揚吾主的尊大怎麽講？答：講其聖德無恨流行與天下人，其獨見天主賜人識天主。問：若翰又何稱吾主耶穌？答：稱呼除世罪的羊羔。

耶穌召徒第二十九章

耶穌受若翰洗大約三十歲，洗後即隨聖神之引往曠野四十天嚴齋，飲食盡廢，而後任魔鬼多般試誘之。加理剌省加納邑有設婚席者，請耶穌子母並厥徒。蓋若翰徒中數有從之者也。席間酒乏而耶穌變許多水爲酒。此厥神跡之首，而後行之甚多，始宣福音即天國之佳信，勸衆行苦悔功。不日就之來觀異跡、聽教訓者，最衆矣。不獨達人從之，且撒瑪列與異人亦然，厥名四達鄰方，特恩選數徒用之行教。

在加理辣省遊恩撒勒湖召四漁者，西滿名之伯多羅，厥兄安德肋，與色白實二子雅伯及若望。語四人曰：汝等從吾，吾使汝漁人。他日見受稅吏瑪竇肋微氏坐于櫃，召之爲徒矣。夫諸徒一聽厥召，盡棄舊業，專從之，常侍左右聆訓。耶穌以槩講于民之喻道益詳解之，使之洗滌信教改前非者焉。諸徒之中十有二名之使遣者，蓋使之播傳福音也。其十二曰：伯多羅與安德肋二弟兄，曰雅奇伯與若望即色白實二子，曰斐理白，曰拔多茂，曰瑪竇多默，曰雅奇伯，係亞臯之子，與如達大陡，曰西滿加納敎，曰茹撻依假掠也。耶穌選伯多羅爲使徒之首。嘗一日問諸徒曰：汝擬吾爲誰？伯多羅代衆答：爾爲基斯督，活天主之子也。耶穌曰：我謂爾汝，汝爲石，且吾將建吾會斯石之上，地獄諸門永不克之。又將與汝天國之鑰，凡汝所縛于地者，亦縛于天也。凡汝所解于地者，亦解于天也。十二徒既選，主遣之播道于如達民，未詳講與撒瑪列及等異民。賜之痊病、活死、淨瘋、逐魔之能，禁之以是恩生利，以饌糧備需之，必受人之恨，捕而勖之，惟怕天主。另選七十二徒，所訓之道，所賜之能，與使一然。凡己將親到之處，先耦遣之矣。

耶穌召徒第二十九章問答

問：耶穌領洗後那裏去？答：往曠野裏。問：野裏如何度日？答：四十日晝夜嚴齋，絕無飲食。問：齋後遇甚麽事？答：被魔再三試誘。問：吾主耶穌在那裏初顯異能？答：在加納婚筵中化白水成旨酒。問：吾主怎麽召諸門徒？答：向他們説你們從我，他們就隨從吾主耶穌，不離了。問：諸門徒中吾主立幾位使徒？答：十二位。問：十二位有何名字？答：伯多羅、安德肋、長雅谷伯、若望、斐理伯、拔多茂、瑪竇、多默，又雅谷伯、西滿、達陡、如撻。問：十二位中誰爲首？答：就是伯多羅。吾主立他爲聖教會的磐石。問：吾主賜伯多羅何權？答：賜他赦罪開天堂門的大權。問：吾主差十二使徒傳教，先示他們甚麽事？答：先示世人將恨謀害，不要怕他們，但要怕天主。問：吾主賜他們何能？答：賜救病驅魔活死之能。問：戒他們何事？答：戒他們勿用斯恩生利，勿慮心備後需。問：使徒之外吾主又差幾位門徒先往，他親將到各處？答：差七十二位，每處二位。

耶穌神蹟第三十章

耶穌行無數神蹟以証天主遣之來訓人也。其所行蹟大異巫覡左道取虛輝之妖怪，且不同每瑟與額列之多靈迹驚怕人者。乃以恩及人身而賜人其所重生命與安平，所以取人心也。屢有淋病瘧血漏腫痿癱癩等就之，俄頃救之。多一言痊之，亦有未見而自遠受其惠者。病只以手點其衣之邊而足以安矣。凡其經遊處，鄰方之疾痼雲集遮街市，屢擁圍其署，而不使假食。人到處隨之，即曠野暫避稠衆，衆亦從焉。多明瞽者之目。久有目自母胎一出瞽者，主以爛泥塗目，頓啓明視。常使瘖言聾聽跛履痔正矣。魔所附者多逐出，其魔竟死。亦多復活之。史紀之三：女孩方死畢一，穉昇往墓一，辣匝洛瘞〔一〕已四日一。耶穌現步江，使伯鐸羅亦步，嘗一日驚戒，暴風而息之。數使厥徒一網獲魚其多甚異。一日以二餅五魚飽飫從于野之五千人。又他日以七餅而飽四千衆。隨意在人間而使人他人極密之念皆通先講後

〔一〕 底本爲『瘞』，應爲『瘞』，今改。

情。在大簿山上偕伯鐸羅、雅谷伯、若望三徒祈禱時,厥形輒變,衣白過雪,容光勝日。徒見每瑟、額列偕之談敘,且聽聲曰:此乃吾所喜愛之子,汝須聽之。諸般神蹟俱表其稱基斯督、天主子。夫言之誠最著矣。況賜門徒是神能,且賜能行尤異,不獨自行而已矣。

耶穌神蹟第三十章問答

問:吾主耶穌自説爲誰?答:自説爲基斯督、天主子。問:何証其實爲基斯督天主子?答:行無數的神跡,所以証得極明。問:邪道妖賊亦顯靈事,怎麽説吾主的神蹟明証其言之真?答:邪道妖賊人所説靈跡多是假的,若真一二實事,不過賴魔能小事,萬萬比不得吾主真真大大的神跡。問:如何知吾主神跡不是假傳的?答:當吾主的世,使徒講之如國其知的事,而當時本處人信之極確。福史紀之甚詳。若有些假處,容易敗露。且吾主大仇如達人亦認之,連回回傳之,實無可以猜之處也。問:吾主所行的是何神跡?答:各樣痼疾愈之,著魔救之,使瞽者看、聾者聽、跛者行、痔者正、死者活。問:吾主所復活的人有多少?答:聖經紀録三個，一個是纔死的女孩，一個是送埋的少年，一個是死四天埋了而朽壞的，名辣匝落。問：吾主又做何神跡？答：在野五餅二魚飽五千人，步行江水警戒狂風就息，在人間隱體，在大簿山上變形等。就編天地大的一部書，其神迹尤載不盡。問：吾主在簿山怎麽變形？答：他的衣服變白雪，面如太陽發光。問：誰看他變形？答：伯多羅、雅谷伯、若望三徒親眼看見。問：誰人顯來同吾主談論？答：每瑟及額列二位古聖人。問：有何聲出來？答：天主父從天發聲曰：此乃吾所喜悅之子，汝等宜聽之。

耶穌德行第三十一章

耶穌載行諸般神蹟，載表各德至法心謙，所以自稱人子，即外有傭人之模，而安其分也。曰：吾來非願人之服事，乃願服事于人。屢隱藏所行之靈事痊病愈人之禁揚，魔號呼其爲天主子，亦禁之知。曠野所食之衆，意舉之爲王，獨逃避。不圖本光，惟圖父遣之者之光。其順良甚矣。不爭辨，不高聲，不棄一人。有帶小孩子祝福，使徒叱阻，耶穌責徒，召孩進前，抱之以手蓋首祝福之，語衆宜效孩子，學小方可以入天國也。門徒槩係粗魯，多有過失。淋病常擁煩主，皆奇忍耐當之。吾生平至窮，無地無屋無首之所受。其訓于數人而俸之，亦有數聖德之婦隨有供之。步行路程地方雖燥熱，不辭午時日烈，受寒暑饑渴勦乏等苦，總不用神能爲自便，從未見之笑。其嚴敬如此也。然最惻隱之心。有一朋友名辣匝洛死，哀哭而往辣匝落，活之。本國人雖負恩至甚，其念柔撒冷後來之災患慘心悌泣，所以著愛國實情也。寬仁普施恩諸人。惡人願改，溫和接之不嫌棄，同飲食。然怙恃惡者，嚴責之。詐僞如學士法利叟警責尤嚴。雖明鑑其恨謀致死詈無避，懼然其人有正教權主敬其任，勸衆宜聽其訓，不可效其行。當時帝王主遵其律法，而納錢糧。古教禮儀都守，常進聖殿，遇貿易以爲褻瀆，而威逐之。屢終夜祈禱，語徒曰：遣我者，我以承行厥旨，爲我粮，我无所不中厥意，因不獨我，而與我常偕焉。

耶穌德行第三十一章問答

問：吾主耶穌行教既做神跡，又用何法？答：表謙順良忍耐樂貧勇毅忠恕欽虔各德至法。問：吾主怎麼表謙讓的至法？答：甘心做貧賤人，不肯做世國王。

問：吾主怎麼立順良的法？答：不爭鬪，不嫌小孩子及窮粗魯之人。問：吾主怎麼待小孩子們？答：招他們而降福，又教門徒學他們童子。問：吾主怎麼表忍耐的法？答：傳教親步行遠路，不辭寒暑勸乏等窮人之勞苦。問：吾主怎麼表慈悲的法？答：若罪人悔過矜憐寬貸他們。問：吾主怎麼表勇毅之法？答：直責詐偽之人，不怕遭恨受害。問：吾主怎麼表忠心之法？答：納錢糧律法無不守。問：吾主怎麼表欽虔之法？答：教禮都遵守，終夜祈禱，常進堂行教忘飲食，而以承行天主父旨意爲糧。問：何故吾主立各德的善法？答：意欲我們專學。

主教綱領第三十二章

如達人見耶穌神跡德行無不駭異，從者濟濟甚衆矣。國各處有會堂，如達人所集祈禱誦讀聖經、聆教士之解，耶穌屢進，亦講道焉。屢在海邊，或場圃隨遇人集，即訓之。其言句句有緊要之旨，其講法有威可敬服，不似常學修士之談。然詞中平易能使愚賤通之。有時以寓言遮蔽其義，不使自恃倨傲者得知。其教綱領大約歸數端。一曰：其爲基斯督自古聖所仰慕者，每瑟及先知所預指者，其來之意非願廢古教，實欲成之也。一曰：常生在識天主，并天主所遣耶穌基斯。一曰：天主本靈欽崇之道在靈在誠。一曰：爲父聖神。蓋耶穌曰己爲天主之獨子，無自言無自爲，而己言爲皆受之父耳。父所爲無不指子，父所有無不與子。竟父子爲一，即其如父，真天主而同爲一天主，可明矣。又謂使徒其將遺施之慰神自父所發者。又曰：其自我取因父所有，我皆有之。聖神自父子而發，并三位爲一，可知矣。又命使徒洗滌萬民，因父之子之聖神之名，是以表人平宜奉之，而其三位本無大小先後之分，尤著矣。耶穌爲天主，其又爲人，可明識矣。蓋自認父大於己，其來非似遂本意，乃以遂遺之者之意。又曰：無人升天，惟人子自天降而仍在天者得升焉。即其并天主真人，何疑哉？

主教綱領第叁拾貳章問答

問：吾主在那裏教訓衆人？答：不定，有時在聖殿，有時在會堂，有時在山上、海邊、路傍。隨人齊便教訓。問：吾主講道法如何？答：極有味，最感動人心。問：吾主道理深遠，愚民怎麽通得？答：吾主特用淺淺比方，使下民粗魯人容易知道。問：博學之士亦明通得否？答：博學之士多有自恃驕傲，不虛心聽吾主之訓。因此吾主用寓言遮蔽道理，不與他們通善。若虛心聽吾主，亦明解。問：吾主教道有幾端大綱領？答：有三端。問：頭一端如何？答：天主惟一無二，本爲靈無形者。敬至之事在靈在誠。問：第二端如何？答：天主雖一，然有三位，曰父曰子曰聖神便是。問：第三端如何？答：天主降生爲人，一位兼天主與人二性，特來賜我等常生。問：常生何在？答：吾主曰：常生在識天主與天主所遣之子。

主諄仁誠第三十三章

耶穌曰：天主愛世致賜己獨子，俾凡信之者免永禍而得常生也。此言表主降來，乃天主愛我等情實驗，則吾人愛天主爲當然至誼矣。耶穌亦示吾人緊要專事在敬愛天主，而教經之訓無不歸二誠。第一最大曰：汝盡心盡生盡靈盡力愛慕天主次像；第二者曰：汝愛近人如己。人雖外方異教，無非吾近人者也。既愛之如己，則待之如願人待我焉。與他人與自己所用之量，惟一無二。我欲獲己罪之赦，即人得罪于我，我必赦之。我有愆愆遮免責，即不可揚責人之密過。不喜人妄擬我，我亦不得妄擬人。大約凡人不願施我者,我槩不得施人也。是以吾主訓不可學如達內,徒以守誡外模淺字爲足。蓋不殺人猶不足,而怒爲恨鬭殺人之根,必攻怒情矣。愛朋友不足,且不拘何人。不可恨之,連恨害吾者,吾亦必愛之矣。不奸尚不足,尤不可以目戀婦女。且婚配當復原理,一夫一妻,至死不可休離矣。不偷人物猶不足,即本物亦不可太嚴守,宜讓之,寧受虧負傷己財,不可損仁愛之全。又不可慮營衣食等需物,宜托賴上主眷顧,最先謀天主之國與其善焉。

主諄仁誡第三十三章問答

問:吾主耶穌如何明天主愛人之心?答:吾主曰:天主極愛世人,致賜之以自己的獨子,俾信者免永禍而獲常生。問:天主如此愛人,欲人如何答之?答:欲人盡心愛之而已。問:吾主規誡總歸幾端?答:總歸二端而已。一曰愛慕天主萬有之上,一曰愛人如己。問:何謂愛天主萬物之上?答:寧死不敢犯天主之命就是。問:何謂愛人如己?答:凡事欲他人施與我,我亦當施與他人就是。問:吾主說當愛近人如己,何謂近人?答:不論世上何人,就是外方異教仇人皆是近人。

問：古教如達人筭得守誡否？答：不筭得，但守粗淺，不守誡全。問：怎麽守粗淺？答：外不殺人、不奸人妻、不偷盜、愛我恨我，如達民多不過如此淺淺守誡。問：何謂守誡全？答：心裏除惡之萌，不敢忿怒貪戀，情願讓本物。恨我者，我愛之。害我者，我恩之。吾主叮嚀如此，便是誡全守誡也。

諭勸禱祐第三十四章

天主所命誡外，吾主又勸人用良策，以易守誡全，而到人力可到至善之處，如是欲遠貪慳，勸之盡賣己物，施價與貧窮，而從學主親立甘貧之法，且許之到天國得寶藏矣。欲遠邪色者，勸之弗娶弗嫁，而守貞潔。然此善非屬衆，惟蒙天主恩祐者能成之耳。吾主又訓守所命誡從所勸策，吾等本無其力也。蓋曰：汝等離我無所能爲矣。即如枝離本，樹不能結果矣。又曰：我即道即理即命也。又曰：我爲門，由我而入者得永福也。又曰：我將賜之以湧至常生之水。更曰：我信者爲活水之泉。其言指將賜之聖神以滿信之者之心也。諸寓言表吾人使得聖神所賜之恩祐，不克守誡得常生。然夫恩祐非由吾意而來。蓋主曰：風隨意吹。風指聖神也。又曰：使非父牽人，人不能就我也。可見祈禱爲吾人至要最緊之事也。夫祈禱，耶穌囑人極懇切。曰：宜常祈求無間焉。嘗一日門徒從求訓祈禱之法。吾主所授之曰：我等父在天者，爾名至聖，爾國臨格。爾旨承行于地如于天焉。今日與我等日糧，而免我等債，如我亦免負我債者。又不引我等于誘感，乃救我等于兇惡。亞孟。以吾主親訓之經，故謂之主經矣。

諭勸禱祐第三十四章問答

問：誡上吾主耶穌還教甚麼事？答：還教行極善的事，所謂勸策就是。問：何故呌做勸策？答：不行之無罪，行之容易守誡，而更高功成大善故。問：如此吾主勸何策？答：勸捨財不理世俗的事，不娶不嫁，全守貞德。問：人力量足行吾主勸諭否？答：不足，須要吾主恩祐纔行得。問：守十誡我們力量彀否？答：亦不彀，都須吾主的恩祐。問：吾主恩祐有何能？答：能醫人性之病，照光感動人心，克私慾而立各樣的善功。問：吾主要明恩祐之要緊用甚麼比方？答：吾主說人如樹枝，吾主如樹幹，枝葉花實皆從來，人善德功皆從吾主來。問：吾人怎麼會得此恩祐？答：該祈求天主便會得。問：幾時該祈求天主？答：吾主囑人祈求天主宜常無已。問：吾主所教念的經如何？答：就是教中人常念的天主經。曰：在天我等父者，我等願爾名見聖，爾國臨格，爾旨承行于地如于天焉。我等望爾今日與我，我日用糧，而免我債，如我亦免負我債者。又不我許陷于誘惑〔一〕，乃救我于兇惡。亞孟。

善現世境第三十五章

耶穌因明人隨天主所召，可到至善之處，則指應酬之賞，是以吾輩之望，不可區區限於地，似如達內徒。又不可積浮財藏于此下土，必積藏天也。福矣！富者因現有慰也。禍矣！今喜笑而敬于人者。又曰：汝等須發奮，由窄門進。蓋門路有二：其一廣者，引人于永禍，人極多所從者也；其一窄者，引人于永福，人絕少所遇者也。欲由夫窄道跟耶穌者，不拘何物都須棄之，而負其十字架，使遇有砥于路即

〔一〕底本此處爲『誘惑』，上文爲『誘感』。

欲問吾輩於吾主者，不願其屬朋友親戚父母夫妻，必恨之。若右手砥我，我必砍之。右目砥必抉之。就是所切愛者，必要離之，竟須自恨，即攻克私愛也。耶穌亦示其國非屬今世，更預告門徒其將被如達人棄，付于異民，受鞭擊凌辱，釘死十字架上，而第三日必復活。其徒不免如師受害，而人將捕之，牽于官前以殺之，爲事天主善功，曰：殺身者，汝輩不可怕之，乃殺身而投魂于火永苦者，此可怕也。至終守誡者得救也。凡在人前背我者，我在人前背之；認我者，我亦認之矣。

善現世境第三十五章問答

問：吾主的國屬今世否？答：吾主親口說其國非今世的國。問：吾主耶穌是天地萬物之主，何謂其國非今世的國？答：吾主不來享現世的福樂，而來爲人受苦楚，所以說其國非今世之國也。問：善人在世如何？答：善人都是吾主的徒僕，必定免不得同吾主的苦楚。問：善人必受之害，吾主耶穌預示門徒否？答：示他們極明，說世人將捕窘迫凌辱害死他們。問：依吾主說世上有幾條門路？答：有兩條，一到永福，一到永禍。問：到永禍〔一〕的路如何？答：吾主說到永禍的門路極寬大，入從之者最多。問：此言怎麽解？答：世界無數的人不順天主的命，所以自害而下地獄。問：到永福門路如何？答：吾主說到永福的門路極窄小，所去遇之者絕少。問：此言怎麽解？答：在世恒爲善非容易之事，少有人爲肯勉力，所以少有人明辨真善于不善之事。問：人如何得入從永福窄路？答：該棄世物，負十字架，學吾主耶穌模樣。問：人願從此窄路，但或有物阻攔他，怎麽處？答：遇阻攔者不論父母夫妻親朋，都該憎恨如讐，攻克他。問：在今世傲富貴享安樂好否？答：不好。問：有甚麽不好？答：按吾主說富貴人的安樂不過暫時，因多犯天主的命，其苦永遠在，無盡之永苦也。

後世永境第三十六章

耶穌亦示門徒其未盡死前柔撒冷被戰亂，從開闢而未有如是殘虐，成敗殿傾致

〔一〕底本爲『福』，今改。

無石帖石。又示之福音普傳于天下，後世界窮末方顯王威，熒來審判萬民。然不言幾時何日世末而自再來也。且以如達國凋殘，與天下消滅參講矣。是以吾輩之望，必向後世也。靈魂之不死，肉身之復活，吾主告甚詳。塞住撒都輩口，無語辨焉。又曰：自恨于是世者，自存于常生也。曰：我父遣我者之旨，欲凡見信子者得常生。吾將復活之于末日矣。又曰：將臨時凡在墓者聽天主子之聲即行，已行善者至生之復活；已行惡至審之復活。據夫此諸言，後世有二所識之吉而形容之，即謂之筵席，謂之婚配，謂之景致，謂之天國也。一爲地獄，即常死永火殘苦外闇涕泣切齒之所，有不死虫，即自責自悔不已之心也。依吾主之言常生在覩天主。觀其未生天地前，原享之熒光，與耶穌基斯督偕處，而體耶穌之全仁，與天主□□〔一〕合一也。此耶穌訓世之大畧也。

〔一〕底本此處有刪改。

後世永境第三十六章問答

問：吾主示知門徒後有何情？答：示他們其未盡死前必有仇來攻如達國，極殘虐害民，拆柔撒冷城，毀化聖殿。問：吾主還示甚麼事？答：示其教傳于天下，然後世界窮盡，而其親來審判萬民。問：世界既窮盡，吾主如何來審判萬民？答：吾主曾説幾時來，要人無時不防備其來。問：來審判怎麼分人？答：分二樣，一樣爲善的，一樣爲惡的。問：爲善的，吾主安他何所？答：吾主請他們升天堂，同享永福。問：爲不善的，吾主定他何處？答：吾主棄他們下地獄，受永禍。問：天堂是甚麼所？答：就是無苦全樂的所。問：吾主怎麼比天堂的快樂？答：比豐筵、婚配、國位、景致、熒光等。問：〔一〕天堂無婚配之禮，無飲食之筵，吾主如何用這些比方？答：不可以詞害意。吾主借人目快樂以使人容易曉得。問：地獄是何所？答：就是無樂全苦的所。問：吾主怎麼形容地獄的苦。答：吾主説其火不滅，其

〔一〕底本爲『答』，今改。

虫不死，涕泣切齒不絕，幽暗不開。問：地獄有何不死的虫？答：按聖賢大槩之解，地獄内雖有真不滅的火，沒有真虫嚙人，不過比方人記得前罪，慘切痛悔，心苦如虫嚙之一樣。問：天堂第一大快樂何在？答：在永遠明明白白靚天主的容體。問：地獄的大苦何在？答：在永遠不得見天主，爲一點世上的浮樂，失卻無窮之真福。

耶穌讐黨第三十七章

耶穌傳此教以德行跡證之，真理自發明，而責世壞俗，所以遭世人之恨。夫世人行之不善，既厭光而喜闇，以吾主外模擬之，爲加利辣省納匝肋邑人，木匠之子，如達内黨目，其窮乏樸實謙遜溫良，不料其爲達未大王嗣，來救民于仇而統服天下萬民者也。主祭國老長民者最恨之，學士〔一〕與法利叟憎之尤甚。學士所不者即耶穌責其愚蒙，其輕忽天主而珍重人立傳也。法利叟所憎即吾主發其心偽傲貪也。衆以柔撒冷城與聖殿，爲聖教倚附之所，永當存立，而耶穌預指殿城將頹，因無不恨

〔一〕底本爲「利」，今改。

之。然精光無所可責，謂衆曰：汝等之中誰責我以非乎？仇所怪即其痊病于撒把日，而自稱爲從天降來者，爲天主之子者也。然所行，人総未行之，神跡明証其言之真，且先知所預言基斯督，當時得其驗矣。仇定意害死之。雖久自定受苦之日，期未至不能害之，屢避。有一日欲捉之，過其中，使其不知見，竟來柔撒冷奉巴斯卦瞻禮。百姓衆衆遮道，相鋪衣于路上，手持樹枝，巨聲賀讃曰：萬福萬福，達未之子，欽主名而來者也。明明公共認之爲默契。其仇不忿，益速其死，即會議定計賄十二使徒之一名茹撻依假掠約三十銀錢，其許以主付其手矣。

耶穌仇黨第三十七章問答

問：吾主特來施恩與世人，世人如何會答天主的寵愛？答：世人多仇恨吾主耶穌。問：何故仇恨他？答：吾主道理如光照人惡情，因此世人不喜歡，而反恨吾主。問：是誰人仇恨吾主耶穌？答：各等的人都有，恒深恨的有四等：一曰學士，二曰法利叟，三曰主祭者，四曰長老者。問：百姓中爲何有不愛慕耶穌者？答：有多擬他爲納匝肋常人木匠的兒子，且見吾主不受世界的體面，作良善樸實貧窮的模樣，所以欺貧而不認爲救世的主。問：學士何故恨吾主耶穌？答：因爲吾主責其行不顧其言。問：法利叟何故恨吾主？答：因爲吾主責其詐僞。問：主祭恨吾主有何故？答：因爲吾主明指聖殿將傾毁，而真真教將移他民。問：長老何故恨吾主？答：因爲吾主不奉承，直責其非，而明世福之虚。問：吾主怪他甚麽事？答：怪兩件事：一件吾主瞻禮之日捄人之病，一件〔一〕自稱天主子。問：頭一件吾主如何闘他們？答：吾主明辯施恩哀矜，非慢瞻禮而越敬之。問：第二件吾主如何闘他們？答：吾主以古經，又以己靈行即証其有天主子之位。問：吾的仇如何不就害之而待久？答：吾自命日期未到，所以無人能害。問：有何事更惹吾主仇之恨？答：吾主來柔撒冷奉把斯卦時，百姓迎接，大聲認他達未子、救世主。其仇越恨妬而定速害其命。問：他們要拿吾主用甚麽計較？答：賄茹撻依假掠。問：茹撻依係甚麽人？答：係十二使徒之首。問：他受吾主仇人多少銀子？答：受了三十個銀錢。問：許約他們何事？答：許約暗指吾主與他們手。

〔一〕底本爲『見』。

耶穌晚飡第三十八章

巴斯卦時，耶穌遣使徒備庭而後親到之，依古禮偕徒食羊羔。此所謂主晚飡也。飡間耶穌起離席，洗諸徒之足，以設相事之法，而成其潔。再即席食間，取麪餅，仰謝天主，祝福餅上，分給與徒，曰：汝等領且食，此是我的肉身，將爲汝等被付者也。汝等宜行此以憶予。又飡畢亦然，取盛葡萄酒之爵，仰謝天主，祝福于酒，語徒曰：汝衆領且飲，此是定新遺詔。我的血將爲汝等且多人流注，致得罪之赦者也。每飲之時，汝等行此，爲記念予。吾主如此，建己身血至聖之祕跡。所謂聖體是也。向已示如達人已爲自天降之活糧，食之者得常生也。不食者，無真生也。蓋曰：吾肉實爲食餚，吾血實爲飲汁。食吾肉、飲其汁〔一〕者，其住于我內，我亦住于其內也。如達以粗淺之臆解其言，想吾主將本肉本血存原形像分碎給衆作肉身之糧，即自見怪也。耶穌示徒其言之義，高深猶遠。至晚末飡實以本身本血隱藏餅酒形

〔一〕底本爲『汗』。

像內，給之爲靈魂之糧，所以驗先語也。飡後，主欲訣別衆徒，往死多加教訓，預告當晚都離之，而伯多羅皆之至三。因見徒患失之甚憂，即慰許不日遣聖神使其通己。所訓之諸端，最諄之相愛。言畢，出都城到阿里襪園素祈禱之所。

耶穌晚飡第三十八章問答

問：吾主未死前行甚麽禮？答：行巴斯卦古禮，飡中食羊羔。問：那時吾主立何謙讓之法？答：親洗使徒之足，立相讓相事之法。問：那時吾主新立何禮？答：新立聖體大禮。問：何謂聖體？答：吾主賜本肉本血作我們靈魂的糧。問：如何賜本肉？答：取麵餅，仰謝天主，祝福餅上，剖分與列徒，曰：汝衆領且食，此乃吾身也。問：如何賜血？答：取葡萄酒，謝天主，祝福于酒，與列徒曰：汝衆領飲，此乃吾血也。問：聖體大禮有何効驗？答：據吾主言，有常生之効驗。問：飡既畢，吾主何爲？答：多般曉喻門徒爲訣詞。問：叮嚀囑咐甚麽事？答：叮嚀相愛，而命相愛爲厥徒之號。問：先示甚麽事？答：當晚諸徒散，伯多羅再三皆之使是。問：許使徒何事？答：許不久遣聖神來慰其憂而明其愚。問：吾主講畢往那裏去?答：出城往阿里襪薗常祈禱之所。

耶穌苦難第三十九章

耶穌在阿里襪薗深思將臨之苦，自放情極恐懼憂慮，伏仆頭面至地，出汗血滴至濕地，再三求父免苦楚之爵然，每曰：但勿成吾意，乃成爾意。茹撻率主祭乃長老等所差之人，皆持軍器捉縛耶穌，送主祭之首蓋法氏。耶穌數現神跡，以示非不得已，乃甘願受人之害。多人揑誣之，教首屢問，耶穌無應。教首竟依法問其爲基斯督天主子否?耶穌方明即言其是。諸仇以其言爲懟慢天主，罪當死，付之署。衆小役終夜苦辱，遮目掌臉，戲問：你神，猜誰掌你?翼日送解比辣多氏，奉羅馬帝第白畧氏旨督如達者，告耶穌爲亂人，普煽惑方民，禁納國稅，而自稱爲王者也。諸端爲虛揑，皆反吾主素訓也。耶穌嘿然不應。比辣多覺無實罪，不願審之。聞人解送耶穌爲加利辣王黑落忒暗的把氏，老黑落忒之子。暗的把久願見耶穌，望其面行神跡。耶穌仍嘿不出一言。王合軍旅欺戲之如顛狂焉。按國俗巴斯卦瞻禮之日，該放一囚人。比辣多願乘機放耶穌，然如達人寧願放盜賊兇人巴拉把氏。比辣多又欲足衆心免耶穌死，令苦鞭之，繼付兵卒。兵加茨冠其頭上，着之絳色敝服，手中設竹杖，代做權柄，戲拜爲王，且掌額頭。又吐口水于耶穌面上焉。

耶穌苦難第三十九章問答

問：吾主在阿里襪薗何爲？答：祈求天主。問：吾主的心如何？答：深思將臨之苦楚，恐懼至死，而出汗血至地。問：吾主求天主何説？答：説父者免此苦爵，但勿成吾意，乃成爾爵。問：祈禱畢，吾主何往？答：往迎一夥惡人來拿捉者。問：誰率那些惡人來？答：茹撻惡徒。問：吾主有全能，他們怎麽拿得他？答：吾主甘願爲受苦難死，任他們拿捉。問：先解何處去？答：先解送吾主在教首，名蓋法的處。問：蓋法署内何人集聾？答：吾主的仇人都集聾，妄証吾主，願害死之。問：吾主如何辯諸仇之妄証？答：吾主好久嘿無言，到教首以天主名問吾主，你爲活天主子、真基斯督否？問：吾主如何答應？答：吾主明白説是。問：那是蓋法何爲？答：扯裂衣服，合衆仇譁曰：他對慢天主，該死，何必他証？問：吾主如何過那一夜？答：在署内小人手下受無數的苦辱。問：那些小人如何苦辱吾主？答：遮目掌面而問誰打你，爲先知，該曉得。問：天既明，衆仇解吾主何處？答：解到比辣多督院而妄告之。問：妄告吾主何罪？答：他説吾主止百姓不許納税糧，自稱爲王。問：比辣多可信他們否？答：不信，明知吾主無罪。問：比辣多解吾主何處？答：解到黑落忒處。問：黑落忒如何審吾主？答：不審而戲侮吾主，然後解回比辣多。問：比辣多如何審？答：欲放吾主，所以先知數定將設計策放。問：設何計？答：將湊機會。那一天巴斯卦瞻禮，國俗該放一個囚犯，比辣多將一個極惡的犯名巴拉把，合吾主一並同設，而問衆人放誰？問：衆人如何對應？答：止放巴拉把，不放耶穌。問：那時比辣多怎麽處？答：欲息衆人之恨，故令苦鞭耶穌，使兵卒苦辱吾主。問：他們如何苦辱耶穌？答：以茨冠加在頭上，以絳色敝服着身，以竹杖設拿手中，跪在吾主面前，戲侮之，道：恭喜如達王。又打掌頰上，又吐唾面。

耶穌釘死第四十章

比辣多攜耶穌戴茨冠着絳敝套，使衆視之。然民衆不獨不憐之，益譁號，求釘之于十字架上，嚇驚比辣多，曰：自稱王，爾放之，必不愛帝王。比辣多當衆盥手曰：我淨于此義人之血。衆人曰：其血歸我等上，且我等子上。比辣多終准衆求，令耶穌負十字架到城外加瓦略棄尸之所。其手足釘十字架，而豎之兩盜之中。當時十字架爲極酷至凌之刑具，惟下賤、犯極重罪如盜賊、謀死等服之。兵相分耶穌之衣，而設鬮誰得袍。耶穌祈禱天主爲害死己者也。主祭、長老都來戲責之曰：彼自稱爲基斯督、依臘爾王、天主子，今宜自救下十字架。耶穌渴，人送之以膽、以醋。此達未與依賽所先語者也。耶穌力猶全能。釘六時，見聖經語言已盡成□〔一〕畢，即送靈，日即失光，地震墳開，多死者復活，殿中聖所前之帆幔從上至下自裂，以表古教奥義皆已明。而聖所攸表從來所封天堂已開耳。耶穌死瞻禮六巴斯卦前一日，衆祭羊羔之時。夫羊羔及餘自有天地以來之祭，無不表其十字架上之死也。一兵欲驗耶穌果死否，以鎗刺其肋旁，即流水與血焉。尼閣德及藥塞自利馬跌來者二徒下聖屍以香液濡沫之。依如達俗瘞于藥塞進加瓦略前新造之墓。乃聖屍雖死，毫無見朽爛，而仍常爲主之聖，且天主子之身矣。主祭與法利叟輩記耶穌曾許己復

〔一〕底本有塗改。

活，使兵防守其墳而封墓門焉。

耶穌釘死第四十章問答

問：衆人見吾主戴茨冠、穿絳色爛衣，其冤恨息否？答：未息，越噪，求比辣多釘死于十字架上。嚇他說他自稱王，你若不釘死，自作帝王之仇。問：那時節比辣多如何？答：當衆洗手說我淨于此義人之血。問：衆人如何說？答：一齊說其血我等及我等子孫擔戴。問：比辣多如何終判？答：准衆求判耶穌釘十字架。問：十字架是刑物？答：當時是極酷極凌之刑具，但遇下等賤人犯極重罪方用此刑。問：吾主在何處釘十字架？答：在城外棄屍之所，名叫加瓦畧。問：誰同吾主釘十字架？答：兩個強盜釘在吾主左右。問：吾主釘懸時講何言？答：求天主赦其仇害己死之罪。問：又講何言？答：言我口渴，即有人拿醋調膽與吾主飲。問：吾主氣未絕，有何言說？答：說父我托我神於爾手，又成畢，纔俯首絕氣而送靈魂出肉身。問：吾主死的時，世界有何變？答：日失光，地大震，石粉碎，塚自開，先聖多復活，聖殿中帳從上至下自裂。問：瞻禮幾日吾主纔死？答：瞻禮六。問：

幾時？答：申時。問：誰殮瘞吾主耶穌？答：尼閣德藥塞，耶穌一徒。問：他們如何殮瘞？答：自十字架下聖屍，用香油液沫過布收殮，然後瘞于若瑟新造墳墓，盖大石板關之。問：吾主的仇如何？答：先稟比辣多，而後封吾主的墓，使兵役嚴防守。

復活升天第四十一章

耶穌聖屍瞻禮全日在墓。瞻禮首日係死後第三日。太陽未出前地大震，而耶穌巨榮光復活，自天使神來揭開封墓之石，而坐上。其目如電，衣白如雪，衆兵驚嚇似死。時有數聖婦來尋聖軀，欲再傅香液，遇墓已開，驚訝不已。使神語之曰：爾輩覓被釘耶穌，今已復活不在此，爾輩往報厥徒及伯多禄，皆宜往加利辣在彼得見之如自先言焉。諸徒聆婦報，不甚以爲意，未信耶穌復活。到親眼視手摸〔一〕，而偕耶穌交談飲食。蓋四十間子數處現之。一次五百有餘，羣聚公見之。伯多羅早見

〔一〕底本爲『模』。

之。耶穌以愛之否問之三，而命之牧其羊。四十日間多般訓徒而開啓心，使明經義。噓之曰：汝輩領聖神，汝凡所赦人的罪，果赦矣。所留之罪，果留矣。又曰：天地内之權，吾全授之汝等，以斯福音不但傳與如達人，且遍去天下。傳撒瑪列及異方萬民，訓之全守吾命諸端，而洗之以父之子、聖神之名。凡信領洗者必得永福，不信者不免永禍。且信者能多樣行聖跡。我偕汝等在至世界盡終。囑不離柔撒冷，到領從上降臨聖神之德，而許不日使之末現阿里襪山上。訣語之後，舉手降福之，而當衆升天。雲接之而奪于徒目。二使神以人形語徒曰：汝輩見耶穌如此升天，後日依然而來。諸徒滿心歡喜，回柔冷，連十天懇切祈禱矣。耶穌升天即登其國位，坐于天主父之右，而住是城到來判生死。且判後，神人無不服天主命，而天主旨意悉成矣。

復活升天第四十一章問答

問：耶穌聖屍既在墓，靈魂何在？答：往地獄救出古聖人。問：聖屍與靈魂到幾時不相離了？答：到第三日絕早。問：那一日如何不相離？答：吾主大榮光復活，靈魂合肉身，而萬萬年不離了。問：吾主之復活怎麼顯揚？答：地大震，有使神從天來推開墳墓之石板，而坐在其上。問：誰見使神？答：數位聖婦往傳香液于聖屍者。問：使神何謂聖婦？答：謂他們曰：汝尋被釘耶穌，他復活了，不在此，汝往報其徒。問：門徒聞聖婦之報，可信否？答：不信，到目擊手摸〔一〕，與耶穌談論、飲食，方纔信其復活之真。問：耶穌復活後現幾多次？答：四十日間現不知幾許次。問：現作甚麽？答：欲証其復活之真，訓使徒傳教之法。問：四十天内賜宗徒何權？答：賜赦罪留罪之大權。問：命誰爲教長？答：命伯多羅。問：命使徒傳教何處何人？答：命遍往天下，傳與萬民。問：命何禮爲進教之門？答：命洗滌之禮。問：許使徒何恩？答：許不日遣聖神降臨其心。問：又許何恩？答：許到世界窮盡同他們居住。問：吾主復活從四十日既滿往那裏去？答：帶門徒往阿里襪山上，諭之後舉手降福，而當衆升天。問：耶穌在天得何座？答：得極高的座位，就坐于全能天主父之右。問：主升天于後，誰現與諸徒？答：二位使神。問：使神何説？答：説吾主如已升天去之日後從天必降來一焉。問：吾主既

〔一〕底本爲『模』。

升天，諸徒何歸？答：依吾主命歸柔撒冷，十天祈禱，候聖神降臨。

聖神降臨第四十二章

耶穌既升天，厥徒會集，大約一百二十。伯多羅語：因茹撻叛負耶穌，自失望縊死。今該諸徒中選一補其位。衆鬮舉瑪弟亞偕十一箄爲使徒，同作耶穌復活之証。到五旬之日，衆齊一處。時自天忽響起，如猛風遍充房屋，遂現碎火形如舌，散住各人頂上方，皆滿領聖神，始講百方之音，誦揚天主之大五旬瞻禮，後巴斯卦瞻禮五十天，即古教頒下于野之日，每年依是教三大瞻禮之一，如達人自百方集柔撒冷殿行禮。其許多向聖神降臨風響之所而往焉。各聞聖徒談其方言，知皆生長于加利辣，殊駭愕。伯多羅及餘十一使徒方出，示衆以異事之原由，乃其所釘死耶穌已復活而遣聖神，如前許言。其爲真主，實基斯督者也。聽此言者多感動，問徒以該何爲？伯多羅曰：汝等行痛恨之功，而各以耶穌之名領洗方得之赦，亦受聖神之恩。即日人三千領洗。改日伯多羅到聖殿見自母胎患瘸者痊之，五千領洗焉。如是新教宣闡之日，即古教頒宣而衆獻新收于天主之日也。使徒及徒當日領聖神者，其心頃刻改化矣。滿心愛慕天主,守其誡,不但不以爲難,且以爲樂。凡古經諸卷,耶穌昔言,無不明達,而燦覺主國屬天屬靈者也。自是得異瞻奇力,即世界千樂萬苦,不以爲意。且不怕權勢,毅然喜致命,証實道矣。

聖神降臨第四十二章問答

問:使徒集龘十天間定甚麽事?答:定瑪弟亞補茹撻之缺,而滿十二使徒之數。問:到了第十天有何變?答:到辰時天轟响,烈風滿吹,諸徒坐的房忽舌火現各人頂,而皆滿聖神。問:那一日是何日?答:是五旬的瞻禮,民奉謝天主昔頒古教之恩,獻當年之新收。問:當日有何人在柔撒冷?答:百方之人集龘行禮。問:聖神之降臨如何揚?答:百方之人各聽使徒講其本音,訝愕之間,伯多羅明告衆人。問:伯多羅告衆如何説?答:説道毋怪,汝等數日前所釘死耶穌,其爲真主默契者,第三日復活。我們親眼見之升天,今坐天主之右,而遣聖神使我們講百方之音。問:衆人聞伯多羅之言,生何心?答:有多心感動痛,即請問伯多羅如今怎麽處。問:伯多羅怎麽答應?答:説道宜悔補往過,因耶穌之名領洗。問:當日領洗多少人？答：三千人。問：改日又領洗幾多？答：一日伯多羅痊一人自母胎瘸者，即日有五千領洗。問：諸徒領聖神，其心有何化？答：即定于善，不亂動了。經典之義都通明白。又喜歡受苦致命，証耶穌真道。

都中教會第四十三章

柔撒冷内如達人信從耶穌者，不日最衰也，皆相和愛同一心一靈焉。吾主先所言我們之號在相愛人，皆以此號認吾徒者，到是時真驗矣。入教者槩使徒左右恒隨之聆訓，每日進殿一齊祈禱。另集行祭禮，領聖體。禮畢忘懷喜樂飲食，因明知柔撒冷不久必毁。又世上無物足戀，惟專務耶穌天國。是以輕忽世財，所有悉捐，共用田屋。業盡賣，投價使徒足下。使徒隨各宜支用，不使教友間有窮苦。城百姓無不愛敬。惟怕如達黨不敢近之矣。夫柔撒冷初進者，算爲從來上等之教會，以後凡願精修謹守福音者無不仰慕。其至範入教者既日衆，使徒難詳各情，因請衆友選七善人幫之，即立之爲副使。其職在副祭，而管教席。夫席有二：一屬靈魂，即聖體，副祭者授之與會友；一屬肉身，副教者管教會之財業，而支各用之糧。使徒既托此任與副祭，自專務祈禱傳道。然猶許副祭講道付洗焉。

都中教會第四十三章問答

問：柔撒冷衆初進教者如何相待？答：相和愛似同一心一靈也。問：他們務甚麽事？答：常在使徒左右專心聽教訓。問：他們在那裏祈禱論道？答：每日集龏聖殿。問：他們在那裏獻祭領聖體？答：又集龏他房。問：他房既然常隨，使徒如何料理自家的事？答：大槩不理世俗的事情了。問：若有財主怎麽處？答：把自己的財物都送與教會。問：若有房屋田地怎麽處？答：都賣去，以其價銀投于使徒腳下。問：貧窮的怎麽得不理世俗的事？答：使徒把富貴的財分與貧乏人用，總沒有分彼此你們之別，都是公用的。問：使徒怎麽管得人如此衆的事情？答：人太多時請教友舉數善人立爲副使。問：立副使之後，使徒管甚麽事？答：專務祈禱講道理，別事一槩不理了。問：副使有何職分？答：管教會的席。問：聖教會有幾樣的席？答：有兩樣席。一樣屬靈魂，就是聖體；一樣屬肉身，就是衣食諸需物。問：副使怎麽管聖體的事？答：他們授聖體與衆教友。問：怎麽管需物？答：凡教會的財業都在其手，而分與教友。問：本職外還有甚麽事使徒所許副使行？答：還許他們講道理而付洗。

如達補教第四十四章

如達内徒貪財樂名，是以不味耶穌真福音。撒肚叟不信肉身之復活、靈魂之永在，其厭之尤甚。厥門多有權勢之人，主祭之首亦在焉。使徒初闡揚福音時，如撻有能之人嚴行禁飭命，命勿出耶穌名，繼監之，使神救之。如達人再捉鞭之，使徒喜爲耶穌名受辱。毅然謂主仇曰：請汝等自斷，順汝命逆主命，義乎？蓋我們親眼所見、親耳所聞之事，我們不得不講。耶穌汝等所釘死十字架上者已復活。今我伏其名多行神跡。七副祭之首斯德望氏大行靈跡，勇然責如達之頑梗，而告証真教已不泥柔撒冷城，不膠古殿。如達人以之爲怨慢聖殿，而石死之。如是斯德望立爲聖教首致命者。時柔撒冷教會遭極殘捕，而使徒外餘友皆如達國各方至撒瑪列也。最恨害教者，乃一法利叟門博學少年掃落。夕遍搜房屋，遇教友不拘男女捉監之。狠心猛氣，圖滅耶穌教，欲酷殺其門人，似渴其血。進大主祭，請給文書，而親往達馬有拿耶穌門徒,近城白〔一〕日,倏見異光,圍瞎之,以至墜馬。且聽聲曰:掃落掃洛,爲何捕我?我是耶穌,你枉攻我。掃落對曰:主欲我何爲?主命之往見一聖人亞那聶氏。依其訓,亞那聶洗之,而後眼明。掃落即熱烈傳揚福音,以葆落爲名。耶穌親訓之,而命爲使徒。當時七副使之一斐理伯氏至撒馬列勸化許多人,皆領洗進教。使徒在柔撒冷聞之,遣伯多羅、若望往堅振,成就其信。二使徒爲之祈禱,按手其上,而新友顯領聖神,俾之能講異言,奇行靈跡。撒馬列初領洗之中有一巫夕蒙氏,見使徒以手之安付聖神,願獻銀以求是能。伯多羅責其惡曰:你銀連你敗矣。因你臆天主之恩爲可售之物。即勸之以悔而補焉。從彼以後,但以神物爲貿易,其罪謂之夕蒙之孽也。

如達捕教第四十四章問答

問:使徒既明顯耶穌之能,柔撒冷内還有不認耶穌爲默契否?答:有甚多。

〔一〕底本爲『百』。

問：爲何不信？答：他們數日前害死耶穌，今不忍説誤釘真主，又貪浮財、戀世樂，不能味精道。問：最恨耶穌教者是那一等的人？答：就是撒都門徒，不信靈之永在，肉身之復活。耶穌教明闢其異端，因此最惱恨之。問：從撒都們者是何等的人？答：有勢力之人多從。連當時人大祭主亦在其間。問：如徒受如達人何捕害？答：初禁使徒傳教，不許説出耶穌之名。使徒不依而被如達監囚。問：誰救他們出監牢？答：天主遣使神來救，勸不怕明講耶穌之道。問：其仇又加何害？答：鞭撻他們，禁止傳教。問：使徒受鞭有何心？答：滿心歡喜，爲耶穌之名受苦辱。問：人要禁止傳教，他們如何對説？答：説道請你們作主，天主命與你們命相反，順誰命爲義理？我等親見親聞的事不得不傳証。問：吾主升天後首致命爲真教是誰？答：就是七副使之一名斯德望者。問：怎麼致命？答：明白証耶穌爲基利斯督，不從其教者，妄賴聖殿，天主必罰其頑硬。人不忿其真言，而用石頭打死他。問：耶穌衆仇間是那一個最利害？答：就是一個少年名掃落者。問：掃落如何害聖教？答：斯德望是他同如達人害死的。又他遍房屋搜教友，不論男女，拉到古教長之前，請重處罰。問：又何謀害教友？答：請大主祭者發文書許他到達馬府捉拿，解柔撒冷問罪。問：他近達馬城遇何事？答：忽然見大光圍之，奪其目睛，致跌下馬。又聽有聲説：掃落掃落，何故害我？我就是你所害之耶蘇。你拗我不過。問：掃落如何應對？答：主欲我何爲？問：主有何命之。答：命進城聽亞那聶之説。問：掃落到亞那聶家受何好用？答：領洗，眼睛就開明，心越明，殷殷勤傳教。問：他後來有何名？答：叫名做保落，就是教中所敬的聖保落使徒。問：如何筭他爲使徒？答：耶穌吾主雖升了天，而親教訓，立他爲使徒。問：誰先往撒馬列傳教？答：斐理伯，七副祭之一也。問：撒馬列的人如何聽福音之傳？答：信從者甚多，所以伯多羅、若望二位使徒去堅振他。問：如何堅振他？答：置手其上祈禱，即聖神現臨，使教友講異音、行靈跡。問：誰想用銀子買此權？答：夕蒙作爲巫祝，而後進教者也。問：伯多羅如何説他？答：斥其罪惡，勸他深深痛悔。問：天主教所講夕蒙孽重怎麽解？答：凡人買賣教中神事物都教做夕蒙孽，筭爲重大罪。

教化異民第〔一〕四十五章

撒馬列領洗教後越不多時，異民亦入教會。時有羅馬人做百總，名呌葛搦力者，雖生爲異民，而得知真主惟一，敬事祈禱之，大捨施窮乏。一使神奉天主差來告知其素祈已准，須請伯多羅來訓之以正道也。伯多羅一面蒙天主默照，示主所造之物無一爲穢濁。天主之神且命之同葛搦力所差兵往訓之。伯多羅及如達人習顧異民爲穢濁，使無彼異跡難克嫌異民素性，不甘與交焉。伯多羅進葛搦力屋，多遇其親友。初訓之時，衆倏領聖神發各音頌揚天主。伯多羅見其已領聖寵之洗，即令受水洗。列使徒及餘會友始聞伯多羅入未割人之屋，同飲食，不免怪異。及伯多羅陳白前情，無不服，皆嘆奇，曰：奇哉！連異民，天主賜之痛悔，以得常生矣。如是異民召化奧旨，自古載于諸經典，而彼時方明著焉。聖保琭爲異民之使徒，解其義尤詳矣。按聖徒之言，亞巴郎真裔依臘爾實人，非亞巴郎肉生之子孫，乃天主所許特

〔一〕底本闕『第』。

慈所選，即學亞巴郎信德者也。異民中多有蒙神召者，不惟如達人而已。天主之盟，既不拘肉血生郎，割禮無益已。夫盟廣屬萬民，而天主另定别禮以神復生人也。因天主召異民，素非其民者，今爲其親民也。其古民以無信見棄矣。其罪乃異民之益。蓋天主召異民代充其闕體真依臘爾也。如達鮮信福音者，賴信獲福而似肥樹之幹；異民入接其上，如野苦阿利襪枝接合薗中甜阿利襪樹焉。天主姑棄絕如達頑硬，至所選異民享常生得入教會。蓋世末時方救如達餘民也。異民既進教，列使依耶穌命分散天下敷教。使遇如達民，先勸之。如達人既不信，轉訓異民矣。

教化異民第四十五章問答

問：異民中誰先信耶穌教？答：一位武官，名葛搦力。問：葛搦力原是何等的人？答：原是異民，但曉得萬物之主惟一，奉事他，常祈禱，哀矜貧窮。問：如何得知耶穌教諸端？答：天主特差一使神示知他該請伯多羅來教訓。問：伯多羅愛去教訓否？答：凡如達民最嫌異民，不愛同交談飲食，所以伯〔一〕多羅本心不甚愛去。問：伯多羅本心不愛去，爲何去了？答：天主特示他不可嫌異民，該去訓葛搦力。問：伯多羅到他家遇甚麽人？答：遇葛搦力集聾親戚朋友皆願領教。問：伯多羅教他們時有何事出來？答：聖神忽然降臨衆人之心，使講異言，讚美天主。問：伯多羅見此異跡，如何處？答：就以水付洗。問：那時節有何奧理顯出來？答：天主召異民，奥理便是。問：列使徒中誰把奥義解得極明？答：葆琭便是，所以稱爲異民之使徒。問：保琭解斯奥理如何説？答：説亞巴郎真後代非亞巴郎肉生之子孫，乃是學亞巴郎信德之人。問：聖保琭如何比如達人？答：比如肥樹。信耶穌者如根幹；不信者如砍斷之枝。問：何比異民？答：比瘦野樹，其枝接合肥樹上。問：列使徒見天主召異民如何處？答：奉主命分散天下敷教，而真教始行甚廣焉。

〔一〕底本爲『的』。

教會政序第四十六章

使徒相别前同立信章，以别真信友於諸異端。蓋當時入教者或如達人，或異民，有以私臆襍耶穌正道。故使徒協心定信章，以防其害。章文曰：我信于天主父全能肇成天地，且于其獨子耶穌基利斯督，我等主。其因聖神降孕，生于童身瑪利亞。在般雀比辣多之下受苦，被釘十字架。死而乃瘞，降地獄。第三日自死者中復活。我信升天，坐于全〔一〕能父之右。日後從彼而來，審判生死者。我信于聖神，聖而公教會，諸聖相通功，罪之赦，肉身之復活，常生。亞孟。使徒傳教多遊遠方。亞歌伯，亞阜之子，留柔撒冷作主教，特救其方。若望行教于小亞細亞，住額弗所邑，至年甚老。保琭遊教于西列瑪、塞多額撒等方。路嘉伴之者，紀其路跡至羅瑪，載于使徒跡經矣。然最大會統伯多羅建之初，在柔撒冷，以尋俄雅古教會爲基，立新教會，繼立座在安多賈，始稱基斯當伯多羅。遊至羅瑪而穩定厥座，不遷已也。遣

〔一〕底本爲『存』。

厥徒馬耳谷往肋山達邑、厄日多等近方之首，而次羅瑪者，立教會焉。如是羅瑪、肋山达、安多貢三大邑之教會，皆伯多羅立之。又自羅瑪遣徒亦然，立會于依達列西夕列各方，嗣位歷巴巴，繼遣學使徒德行之人加列今弗郎節利未亞依巴業普傳教焉。使徒旋建教會，旋立主教與主祭及輔祭者于各方。主教者謂之比斯玻，譯言觀顧也。按耶穌之命，主教爲本方教會之首，全握神權焉。主祭謂之鐸德，譯言司神事也。按耶穌之命厥職在助主教于至聖事。凡專務教會之事者格吏，譯言本業。其學古教肋微家，天主以之爲本業。彼亦以天主爲本業，故也。凡教友順鐸德、輔〔一〕祭之訓。鐸德順本主教；主教順使徒。因吾主立伯多羅爲諸徒之首，是以嗣其位。羅瑪之主教，今謂巴巴者即爲諸主教之首。天主賜之爲諸主教有權之尊。蓋代吾主爲聖而公會之崇首。然既升天，不使人見，特立巴巴，世世作教會之顯首矣。

〔一〕 底本爲『副』。

教會政序第四十六章問答

問：進耶穌教之人極多，真道脈絡各都存守否？答：有多不守起異説，褻亂聖道，蠱惑教友之心。問：使徒用何法防備異端？答：協心做信章。問：〔一〕如何説？答：就是我信云云。問：列使徒傳教規矩何如？答：若所化之方人多進教，即合爲一會，立主教管之。問：主教者有何職分？答：奉天主命牧該方之命，料理聖教事體。問：誰助主教？答：列鐸德、副使等格吏之員。問：格吏二字何解？答：解曰本業。問：何故叫做本業？答：以其辭世俗而專務爲耶穌事爲本業，又耶穌顧寵之如本業故也。問：教友要聽誰之命？答：若論教事，該聽所屬鐸德之命。問：列鐸德、副使等格吏聽誰之命？答：該聽所屬主教之命。問：列主教該聽誰之命？答：該聽羅瑪主教之命。問：何故該聽羅瑪主教之命？答：因爲吾主耶穌定伯多羅爲教尊，又命繼伯多羅位者有其權。伯多禄定其位在羅瑪，所以羅瑪

〔一〕底本闕『問』。

主教爲天下之教首，代吾主耶穌掌管聖教的事體。

經傳會議第四十七章

因吾主耶穌訓人未編書，所以使徒之多亦然，惟以口傳授教矣。然盡心傳訓，所揀之徒希圖其傳流不已。葆琭所謂的莫竇爾受吾之訓，宜授與他教信德之人，使其亦傳訓他人者是也。夫聖訓如神寶，吾主寄之使徒。使徒寄之初立之主教。主教寄貽繼其位。自教興至今，世世流行無已矣。初集書者乃瑪竇使徒，爲如達之進教編福音。不數年，伯多羅之徒瑪耳谷亦編福音，似纂瑪竇福音之切要也。路嘉爲葆琭之徒，亦編福音，乃以實録闢假使徒之訛舛。終若望，至吾主復活後六十餘年，方籍福音以攻不認吾主耶穌爲真主之異端，先紀照像焉。保琭及餘使徒之書札有寄以訓各方教會者，亦有特諭一人者，隨事宜。使徒中惟伯多羅、保琭、若望、亞奇伯、瑪竇、達陡六聖之書至今存傳。其餘使徒毫無存厥書矣。然請使徒與福使之書，非其私念也。蓋聖神恃照引晝之，如每瑟列先知之書焉，以所載者無不必確信也。且使徒教訓以多編書，以少所以教統全存于授傳各處。教會所信道理，所守規矩，而厥始不可考者，從來以之爲使徒之授傳。若公教會斷之尤明，而所斷之理最顯者乃公議所厥者也。夫公議乃使徒親立其法而貽後。蓋異民既入教甚衆，如達之教友欲令其受損割之禮，全守每瑟教規。使徒與鐸德集會于柔撒冷議論其説。伯多琭先諭衆，衆亦聽保琭與巴納伯之言。亞奇伯引古經以証異民皆必尋慕真主，竟協心決斷，而定立永案。其案曰：聖神及我等之意見，不可命汝輩别事，惟命汝戒邪神之膳壓血及邪色耳。自彼以後，凡遇聖教難解之端，列主教會議而斷之。每依例集會，聖神必主之，不許差謬。正會議所定之諸端，在教者皆信從。若不信服，以之爲執迷異端而絶之出教會矣。

經傳會議第四十七章問答

問：耶穌言行誰紀録？答：四福史便是。問：四福史有何名字？答：第一名瑪竇，即使徒也。第二名瑪耳谷。第三名路嘉。第四名若望，亦使徒也。問：四史所編書有何名？答：福音。問：福音外還有别經？答：另外還有路嘉所編列使徒之跡，保琭札十四封，伯多羅札二封，雅奇伯札一封，若望札三封，達陡札一封，若望照像一册便是。問：耶穌教事情編經載之全否？答：不全。問：經内既不全，何處載得全？答：載傳全内。問：何謂傳？答：就是傳授之訓，耶穌授之于使徒，使徒授之于主教，先主教常授于將繼其位後主教。自古到今，流行不絕。問：或經或傳内遇不明白之處，如何決疑？答：列主教會議伏聖神之引，決疑不謬。問：會議規矩自幾時起端？答：自使徒行教之時，列使徒始會議。問：何故使徒會議？答：如〔一〕達人亂説不受割禮，奉耶穌教無益，煽惑許多教友之心，所以使徒會議合意不必守割禮，大安慰衆教友之心。問：若人怕會議有差不肯服所定端如何斷得其疑？答：斷不得了其疑，出于錮執之心便爲異端，不算爲教中人了。

如達國敗第四十八章

耶穌已升天大約越四十年，柔撒冷頹敗，如吾主先年言焉。蓋如〔二〕達人已爲天

〔一〕底本闕「如」。
〔二〕底本闕「如」。

主之民，宜不可屬異民管，故叛反了。羅瑪帝一國各處殘死者甚衆矣。竟竹巴先帝之子苐德氏圍柔撒冷，久攻而獲之。從來爭戰未有過于當時慘酷。圍時飢患至極，人食人，亦有母子者。柔撒冷内死不少一百一萬人。聖殿燬燼，城屋都傾毁。如是天主顯義，怒罰殘邑殺許多先知、終弑本主本神耶穌基利斯督極重之罪。如達人不肯認之爲救主，而坐羅瑪之奴，被逐出原鄉，散于天下，始遭苦厄賤辱，至今一千七百年，猶泥之而脱不出。本土已失，他方無權矣。自上古聖祖亞奇先説國權不出如達，到萬民所望者臨格時，亦得証驗矣。蓋耶穌神國旋行天下萬民，如達世國旋敗滅。自古到彼如達合爲政統。自彼以後絕不然也。以前天主選之，久存其民，特護邑以表預治人跡，以施訓萬民，終隳覆之，以示正。正教不依附其所不拘束其種矣。古教之禮儀、如達國之度皆廢矣。蓋殿既毁，祭與古約諸禮皆無其時也。過矣！國度惟依臘爾王許土既陷沒，其度亦歸無用矣。是以古教諸端，今奉教者惟必守正心之道法耳。夫道法不過性理，良心不拘何處何時，永得其用也。

如達國敗第四十八章問答

問：耶穌教行天下時，如達國何如？答：耶穌教一面行，如達國一面敗。問：如達國怎麽敗？答：叛反羅馬皇帝。問：何故叛反羅馬皇帝？答：妄思己爲天主之民，不可屬異民管。問：如達人得勝羅馬人否？答：不得勝而殘敗之。問：相戰時，如達人遭何苦難？答：各樣患難都遭了。從開闢以來未有如此慘酷之亂。問：誰攻柔撒冷城？答：羅馬帝太子名叫苐德便是。問：圍城時，城内死多少人？答：死一百一十萬人。問：城與聖殿堅守否？答：不得存了，那時節都焚燼了。問：如達國何故受如此極苦之厄？答：天主要罰他國殺許多先知，且弑吾主極重之罪。問：如達人到何時受如此的患難？答：他們的患難到如今還沒有完。目下散于天下到處受苦辱。問：古教的誡如今還該遵守否？答：古教的誡法有三樣，一樣就是敬天主的儀文，一樣是治國的法度，一樣是正心之道法。儀文與法度不該守了，道法是該守的。問：古教敬天主儀文爲何如今不該守？答：其儀文都是表未來救世主，都倚附聖殿，如今救世主來了，聖殿毀覆了，所以儀文無所施也，無用了。問：如達法度在聖經，何故不該守了？答：其法度不過是爲治本國所立，不使本國人與外教異民雜亂。如今本國滅了，萬民得正教，所以不用如達國的法度。問：古教正心道法何故如今還該遵守？答：此道法無他，就是性理、良心，處處時時不能缺少。

使徒行實第四十九章

諸使徒傳福音受勞苦甚多，常遊行做貧窮，或倚手藝，或倚教友之哀矜渡活，饑渴寒暑，狂風劫盜夜醒諸患難皆遭之。又務伏抑本身，立克己之法，勉教友而多齋守夜他行苦工矣。異民以之爲如達人而賤之。如達民以之爲倡新教而恨之。每化人入教必務訓之，特公迪時私引，且付洗等秘跡。立鐸德、副祭，定各處新會規矩。且今立教會之所，或返復顧之，或遣徒，或寄書札以堅其信德，以改漸入之謬。不信厥言最多，且百般誣之，以其神跡爲邪術，指之爲妖人亂賊，廢自古行之教，以新説外俗來蠱惑愚民者也。牽之官署，監之、鎖之、杖之。有時，衆民擊石趕逐之。吾主耶穌先語之，爲其名遭衆之恨，果已驗矣。然耶穌先許之剛勇，仗聖神降臨，實獲之壯膽，挺身諸苦之中，毫無退懼之念，況益覺慰樂。蓋明知力戰後有義冕旒候之在天，故仰望後世，而輕忽現世之萬苦，竟以血証所傳之實，耶穌復活之真，而皆致命。所受之刑不等，聖伯多羅被釘十字架，聖葆琭被斬。二位爲諸使徒之宗，同日死在羅馬帝搦落氏下。搦落爲天下無數之惡者，始捕害聖教會也。

使徒行實第四十九章問答

問：吾主耶穌的使徒怎麽傳教？答：受無數的苦楚。問：受何苦楚？答：遍遊傳教，凡寒暑饑渴狂風盜賊諸般患難都受了。問：他們怎麽待自己？答：克己甚嚴，多齋守夜祈禱，各立苦工的表樣。問：異民怎麽視他們？答：視他們爲如達人而輕賤之。問：如達民怎麽視他們？答：視爲新説、廢本教的人而仇恨之。問：使徒傳教若遇人信從如何引他于正路？答：殷勤教訓，時公時私迪他們付洗等祕跡，立主教、鐸德、副祭，定各處教會規矩，甚費心力。問：使徒教人、勸人、化人，人人都信從他們否？答：信從的少，不信的多。問：不信從的怎麽待使徒？答：有多喪良心，加百般誹謗，狠害他們。問：怎麽誹謗？答：指使徒爲妖賊，白白來攻自古鼎立的教,撤怪誕,蠱惑愚民。問:他們怎麽害使徒?答:拉他們官府衙門,受杖受監。有時百姓大小打石頭逐他們如癲狗。問:使徒遭這樣害,還敢傳教否?答:自然挺身向前,總無退縮之念。問:他們怎麽有這樣大膽量?答:一來記得吾主親自受苦難而先示他們該爲其名多受苦,所以喜歡用此苦表感激之情。二來聖神降臨以後,他們的心定了于善。三來他們仰望天堂之福,所以視苦難爲真安永樂之門路。問:他們怎麽証所傳的教?答:先以行言証之,終以血、以命確証,所以爲吾主都致命了。問:他們怎麽致命?答:所受的刑不等。問:伯多羅、葆琭諸使徒之宗怎麽致命?答:同一日死在羅馬,被釘十字架。保琭受斬。問:那時羅馬皇帝就是第一個皇帝禁捕聖教會。〔一〕

聖教受捕第五十章

聖教會受捕幾乎三百年,而致命者無數也。奉教大槩伏手枝度活,謙讓端正異

〔一〕底本如此。

常，毫無害人，多行神跡，痊人病，哀矜貧窮。奈何不免衆之憎恨，以基斯當之名罪之。因無土木偶塑而敬天主，以心以靈，即以之爲不敬神矣。因闢衆自久從之邪神左術，即責之爲匪類悖戾。因不從俗好戲優，而禁博奕，戒凶酒，多齋，淡食粗衣，衆顧之爲漆黑難交之人。其諄論後世復活，棄現福，望後賞，即視之爲狂愚焉。況異端所犯婬污概坐于教會，是以王官民等協心欲絕其類，即牢之、流之、鎖之，抄沒其家產，使挖諸鑛，竟問死罪。王吏見教士不惜命，喜死焉，入永生之門。苦之以百端慘刑，日尋益酷。或騎之利木馬上，以重物縋脚，苦鞭之；或以鐵梳遍刮肢體；或火把燒脇旁；或睡之于鐵灶床，坐之于鐵灯椅，時以慢火久熬之；或巨鑊中煎；或剝皮；或砍手斷足；或以鋸判解剮眼睛，搥剔牙齒，抽拔指甲，活挖腹抽腸；或丟于惡犬熊獅等野獸噬之；或以滾油鎔鉛瀝之；或偏身擦蜜，以供蜂螫。奉教之多受苦，不惟一時一次，乃久磨之。後有再牢于極黑、最臭獄內，滿地〔一〕布釘、碎玻璃，大概竟受斬焉。

〔一〕底本爲「氐」。

聖教受捕第五十章問答

問：天主教被仇害到幾久？答：到三百年。問：誰作天主教的仇？答：帝王官府百姓都有作其仇者。問：教中如此遭衆人之恨有何罪孽、何利害？答：無罪，毫無害，常爲善，遍施恩，人白白害之。問：怪他們甚麽事？答：怪他們不敬俗神，不拜菩薩，攻闢衆人自古從的教道，不喜世福，而諄説天堂地獄之情。問：他們被仇何害？答：被流、監牢，被鎖，而强掘拙挖諸鑛，終被殺。問：教友既死，其仇心滿否？答：不曾滿，死前要酷刑久苦之，死後要丟棄其屍，不許埋葬。問：加何酷刑？答：説不盡百般之苦，或用鐵梳遍刮膚體，或火把燒脇旁，或令臥鐵牀上，而下以火久久熬之，或巨鑊裏煎之，或燒灯鐵椅坐之，或剝皮鋸解體。日日想新法，愈利害磨難奉教的人。問：如何利害教中人有何意？答：欲滅聖教。問：滅了否？答：不反加其數。聖賢所説致命者之血，爲進教者之種是也。問：致命者是男是女，是老是幼，是貧賤是富貴，何等樣人？答：男女老幼富貴貧賤都有。

証認異名第五十一章

爲聖教受窘苦而未死，謂之認士，以其人前毅然認耶穌之道也。生平教會中皆敬之。若致命謂之証士，越敬之。其聖屍所餘寶存之，以香液抹，以錦帛封。即一點之血，都收存不棄。每年衆友集會追敬其聖誕。蓋以其入常生之日爲誕也。夫諸誕日同主日瞻禮，衆詣厥墳墓，謝天主賜聖人毅量，祈聖人代求天主。又自勉學其德行，所以公讀其行實，設其受苦之像，以便訓悔愚人。且天主屢顯聖跡于其墓。且受苦之時，亦屢顯應。所以觀之者多倏然心化，愛慕聖教。時或審之之官，刑之之隸，亦然如是。教士死者越多，而奉教者越衆。其數雖日增益，而足成大軍，毫不用保，已避虐王狼官之酷害。在教有全陣之多，寧甘致命，不使勇生叛如聖貌利雀之陣是也。蓋一人入教即學聖使徒之訓。按夫訓國王之權，爲天主所托也。握之者，雖惡必敬其權，如僕役事暴虐之主，亦必効矣。至今聖教念致命之册，存証認士之名，而其行之畧表焉。有公會所敬聖斯德望、聖老楞佐、聖瑟巴曲、聖未增德、聖女依搦斯、聖女路濟亞等，皆是有受苦難之䂓，爲本教會特敬者，如吕都農敬聖依肋耨巴里，敬聖多你削伯多瓦教、聖吕仙瑟諾，敬聖女葛隆把茀未遏，敬聖白你諾等是矣。

証認異名第五十一章問答

問：聖教所謂認士是誰？答：爲吾主耶穌受苦楚而未死者是也。問：何故名爲認士？答：因爲他們不怕苦，在人前認吾主耶穌之名。問：聖教會如何待認士？答：平生敬之。問：受苦爲聖教而死者如何名之？答：名之証士，因以成致命之功，越發敬之。問：如何敬之？答：欽收其聖屍，香液擦之，錦帛包之。雖一點血都撿收。問：其死日如何名之？答：名之爲其聖誕。問：何故謂之聖誕？答：因爲那一日，其靈魂升天，即進常生之境。問：那一日教友有何規矩？答：大家聚集于致命之墳墓，奉瞻禮。問：如何奉瞻禮？答：感謝天主加人之德以致命，求致命者作主保于天主臺前，念其行跡，而設其苦楚之像，以相勵勉，學其聖範。

教會得平第〔一〕五十二章

聖教既三百年忍苦楚，天主竟賜之太平矣。蓋自皇帝公蒼丁從信正教以來，無人害之。窘迫時，教友等集會，多深夜隱密之所。太平以後，白日集會，公公朗朗，詠誦禱課。各處建立華殿，增獻聖器，金帛、寶貝以飾聖所，以盛聖事。各堂封厚禄以供燈蠟，修膳以俸格吏；以哀矜貧窮，多立各等養濟院矣。奈何衆教友之中有始衰落其德者，以奉教無險，俗念未化，全不輕也財樂，未實望天福。冒入教，先誘談衆心。是以有欲靜修教規者，遁世潛藏也。以其不接交于俗人，謂之獨士。精粹多在厄日多。聖安當始振興。合之爲院。其中有存古傳之規。蓋自教始行，有學聖若翰及諸先知遯俗衆、修道者也。獨士輩槩住曠野，盖小蓬以棲身，白日織蓆編筐等，行易工常想聖經。每日持齋，惟食一飡，近夜方食。槩以水以素餅爲糧。晚夜集合祈禱，少眠，默然肅靜，務習各德行。其手工不獨足以養之，且以所餘普施貧

〔一〕底本缺『第』，今補。

窮。全順院長之命，其數不日甚衆，有幾千，屬一長院。夫長者，謂之阿巴也。亦有婦女學其靜修。蓋從教初行時，多有守童身者。教會既平，或城或野，集合成大院。數大聖人定男女修道之規，最行于西洋焉。

教會得平第五十二章問答

問：聖教會幾時平？答：傳行三百年後，羅馬皇帝公蒼丁蒙天主恩入教，教會纔得太平。問：聖教太平後如何行教事？答：都是公公朗朗行的。問：在那裏行教功課？答：各處起極華麗的天主堂。問：那時教友比前時熱心否？答：不，反有冷淡了，比不得窘迫時熱心。問：教友爲何冷淡？答：因爲以奉教爲便宜之事，多有俗情未化，而冒入教的。也有雇體面、圖世福，所以混沌于道理，冷淡于神功。問：那時有熱奉事天主的人，用何法？答：多有遯世，往曠野裏面靜修，所謂獨士是也。問：在曠野如何靜修？答：住在小蓬，常默想聖經，白日織蓆編筐，晚夜祈禱，少睡常齋。問：誰養他們？答：其手工勾養他們，還有餘，所以施濟貧窮。問：他們如何守斋？答：每日這吃一飡，近夜纔食。大槩以白水素餅爲糧。問：

各人隨便行否？答：不，最忌本意。大槩屬院長，細細勤勤聽其命。問：獨士何處多？答：阨日多地方。問：誰在那裏振興董率？答：就是聖安當。問：先聖安當有了獨士否？答：有了，從聖教行以來，常有學聖若翰與古先知遁世靜修。然初時少，從聖安當以來最多。問：婦女已有獨修否？答：亦有，從聖教行以來，無數女守貞，婦守寡。聖教遭窘迫時，在各本守聖教。既太平，他們集會成許多大院。